FEDERAÇÃO PARTIDÁRIA

Uma reforma eleitoral e política

ROOSEVELT ARRAES
EMERSON URIZZI CERVI
LUIZ GUSTAVO DE ANDRADE
PAULO HENRIQUE GOLAMBIUK
LUIZ FERNANDO CASAGRANDE PEREIRA

Prefácio
Maria Claudia Bucchianeri Pinheiro
Joelson Dias

FEDERAÇÃO PARTIDÁRIA
Uma reforma eleitoral e política

2ª edição

Belo Horizonte

FÓRUM
CONHECIMENTO JURÍDICO

2024

© 2022 Editora Fórum Ltda.
© 2024 2ª edição

É proibida a reprodução total ou parcial desta obra, por qualquer meio eletrônico, inclusive por processos xerográficos, sem autorização expressa do Editor.

Conselho Editorial

Adilson Abreu Dallari
Alécia Paolucci Nogueira Bicalho
Alexandre Coutinho Pagliarini
André Ramos Tavares
Carlos Ayres Britto
Carlos Mário da Silva Velloso
Cármen Lúcia Antunes Rocha
Cesar Augusto Guimarães Pereira
Clovis Beznos
Cristiana Fortini
Dinorá Adelaide Musetti Grotti
Diogo de Figueiredo Moreira Neto (*in memoriam*)
Egon Bockmann Moreira
Emerson Gabardo
Fabrício Motta
Fernando Rossi
Flávio Henrique Unes Pereira

Floriano de Azevedo Marques Neto
Gustavo Justino de Oliveira
Inês Virgínia Prado Soares
Jorge Ulisses Jacoby Fernandes
Juarez Freitas
Luciano Ferraz
Lúcio Delfino
Marcia Carla Pereira Ribeiro
Márcio Cammarosano
Marcos Ehrhardt Jr.
Maria Sylvia Zanella Di Pietro
Ney José de Freitas
Oswaldo Othon de Pontes Saraiva Filho
Paulo Modesto
Romeu Felipe Bacellar Filho
Sérgio Guerra
Walber de Moura Agra

FÓRUM
CONHECIMENTO JURÍDICO

Luís Cláudio Rodrigues Ferreira
Presidente e Editor

Coordenação editorial: Leonardo Eustáquio Siqueira Araújo / Aline Sobreira de Oliveira
Revisão: Gabriela Sbeghen
Capa e projeto gráfico: Walter Santos
Diagramação: Formato Editoração

Rua Paulo Ribeiro Bastos, 211 – Jardim Atlântico – CEP 31710-430
Belo Horizonte – Minas Gerais – Tel.: (31) 99412.0131
www.editoraforum.com.br – editoraforum@editoraforum.br

Técnica. Empenho. Zelo. Esses foram alguns dos cuidados aplicados na edição desta obra. No entanto, podem ocorrer erros de impressão, digitação ou mesmo restar alguma dúvida conceitual. Caso se constate algo assim, solicitamos a gentileza de nos comunicar através do *e-mail* editorial@editoraforum.com.br para que possamos esclarecer, no que couber. A sua contribuição é muito importante para mantermos a excelência editorial. A Editora Fórum agradece a sua contribuição.

Dados Internacionais de Catalogação na Publicação (CIP) de acordo com ISBD

F293	Federação partidária: uma reforma eleitoral e política -- 2. ed. -- / Roosevelt Arraes, Emerson Urizzi Cervi, Luiz Gustavo de Andrade, Paulo Henrique Golambiuk, Luiz Fernando Casagrande Pereira. (coord.). Belo Horizonte: Fórum, 2024. 156p. 14,5x21,5cm ISBN impresso 978-65-5518-796-0 ISBN digital 978-65-5518-795-3 1. Direito eleitoral. 2. Política. 3. Federação de partidos. I. Arraes, Roosevelt. II. Cervi, Emerson Urizzi. III. Andrade, Luiz Gustavo de. IV. Golambiuk, Paulo Henrique. V. Pereira, Luiz Fernando Casagrande. VI. Título. CDD: 342.07 CDU: 342.8

Ficha catalográfica elaborada por Lissandra Ruas Lima – CRB/6 – 2851

Informação bibliográfica deste livro, conforme a NBR 6023:2018 da Associação Brasileira de Normas Técnicas (ABNT):

ARRAES, Roosevelt; CERVI, Emerson Urizzi; ANDRADE, Luiz Gustavo de; GOLAMBIUK, Paulo Henrique; PEREIRA, Luiz Fernando Casagrande (Coord.). *Federação partidária*: uma reforma eleitoral e política. 2. ed. Belo Horizonte: Fórum, 2024. 156p. ISBN 978-65-5518-796-0.

Agradecemos a todos que se envolveram na pesquisa e produção desta obra, em especial, aos Programas de Pós-Graduação em Ciência Política e em Comunicação da UFPR, ao Instituto Mais Cidadania, à Escola Paranaense de Direito, à equipe de pesquisadores dos escritórios Arraes & Carboni Sociedade de Advogados, Zornig & Andrade Advogados Associados e Vernalha Pereira Advogados, notadamente ao advogado Juliano Glisnki Pietzack, que realizou aprofundada pesquisa sobre os temas discutidos no Capítulo 3 do livro. Agradecemos muito especialmente aos servidores da Justiça Eleitoral que auxiliaram na pesquisa dos precedentes citados nesta obra, notadamente, os do TRE-AP, TRE-BA, TRE-CE, TRE-GO, TRE-MA, TRE-MG, TRE-PB, TRE-PI, TRE-PR, TRE-RN, TRE-RJ, TRE-SE, TRE-SP e do TSE.

SUMÁRIO

PREFÁCIO
Maria Claudia Bucchianeri Pinheiro 9

PREFÁCIO DA 2ª EDIÇÃO
Joelson Dias 13

INTRODUÇÃO 19

CAPÍTULO 1
FEDERAÇÕES: MUDANÇA INCREMENTAL PARA DAR CONTINUIDADE NA FORMA DE ORGANIZAÇÃO DOS PARTIDOS POLÍTICOS NO BRASIL
Emerson Urizzi Cervi 23
1.1   Introdução 23
1.2   O debate sobre partidos políticos 25
1.3   A discussão nas casas legislativas 28
1.4   Horizontes e polêmicas sobre a reforma 34
1.5   Análise dos resultados das eleições de 2022 36

CAPÍTULO 2
FEDERAÇÃO DE PARTIDOS: ASPECTOS JURÍDICOS
Roosevelt Arraes, Luiz Gustavo de Andrade 43
2.1   A federação partidária: conceito, características, natureza jurídica e princípios 44
2.2   Criação, alterações, efeitos e limitações estatutárias 57
2.2.1   Criação, alterações e efeitos 57
2.2.2   Limitações estatutárias 62
2.3   Funcionamento da federação nas eleições 64
2.3.1   Um único partido nas eleições: escolha de candidatos, recursos, propaganda, votos 64
2.3.1.1 Escolha de candidatos 65
2.3.1.2 Acesso a recursos financeiros públicos 70

2.3.1.3	Acesso gratuito à propaganda em rádio e TV e as demais formas de propaganda eleitoral	72
2.3.1.4	Votos	76
2.3.2	Prestações de contas e obrigações civis e eleitorais	78
2.4	Funcionamento da federação na legislatura	82
2.4.1	Funcionamento parlamentar	82
2.4.2	Fidelidade partidária	86
2.5	Deveres e fidelidade federativa, desligamento partidário e dissolução	91
2.5.1	Deveres e fidelidade federativa	91
2.5.2	Desligamento partidário e dissolução da federação: efeitos eleitorais	94
2.5.3	Desligamento partidário e dissolução da federação: efeitos para o funcionamento parlamentar	98
2.5.4	Mutações partidárias e justa causa para o desligamento da federação	99
2.5.5	Extinção da federação	104

CAPÍTULO 3
POLÊMICAS CONSTITUCIONAIS E DESAFIOS PRÁTICOS
Roosevelt Arraes, Luiz G. de Andrade, Paulo H. Golambiuk, Luiz F. C. Pereira 106

3.1	Verticalização e autonomia partidária	106
3.2	Vinculação quadrienal e as eleições municipais	118
3.3	Migração de parlamentares para siglas que compõem a federação: fundo partidário e tempo de rádio e TV	124
3.4	Desafios práticos para as federações	135
3.4.1	O número de candidatos que cada partido pode lançar e quota de gênero	135
3.4.2	A solidariedade negativa da não prestação de contas	137

CONCLUSÃO 141
Conclusão do Capítulo 1 141
Conclusão do Capítulo 2 142
Conclusão do Capítulo 3 147

REFERÊNCIAS 151

PREFÁCIO

Em anos pares, para que o processo eleitoral cumpra com seu desígnio constitucional de dar vazão à soberania popular por meio da escolha dos representantes políticos em condições de normalidade e de legitimidade, é indispensável que o operador do direito eleitoral domine as inovações trazidas pela reforma que, a cada ano ímpar, é promovida pelo Poder Legislativo.

Num esforço de aprendizado verdadeiramente coletivo, a brilhante e seleta comunidade eleitoralista produz, apura e irradia conhecimento com a realização de congressos e a publicação de livros.

A presente obra é prova fiel desta comunhão.

No entanto, há aqui uma particularidade que merece ser registrada e elogiada.

Isso porque a obra de Emerson Cervi, Luiz Fernando Pereira, Luiz Gustavo de Andrade, Paulo Henrique Golambiuk e Roosevelt Arraes navega por mares que ainda nos são desconhecidos.

A reforma de 2021 autorizou a realização de consultas populares na esfera municipal no dia das eleições, constitucionalizou a fidelidade partidária, determinou que os votos conferidos a mulheres e a negros contarão em dobro para a distribuição dos recursos do Fundo Partidário e do Fundo Especial de Financiamento de Campanha, detalhou o processo de incorporação de partidos políticos, reinstituiu as coligações partidárias nas eleições majoritárias, fixou novos critérios para a distribuição de cadeiras nas eleições proporcionais, reduziu o limite de candidaturas proporcionais e mudou a data de posse da Chefia do Executivo federal e estadual.

Mas a última reforma não teve somente o mérito de aperfeiçoar mecanismos ou consagrar institutos.

Teve também o mérito de criar.

Com a Lei nº 14.208/11, criou-se a federação partidária: dois ou mais partidos políticos que idealmente possuem afinidade programática poderão se reunir para disputar a eleição como se fossem um único partido, em nível federal, estadual e municipal, e, tendo seus candidatos eleitos, deverão seguir atuando conjuntamente por todo o mandato, sob pena de severas sanções.

Já no início de 2022, o Supremo Tribunal Federal, no esforço de julgar ações de controle concentrado de constitucionalidade cujo desfecho impactaria as eleições, vem de assentar a compatibilidade das federações partidárias em face da Constituição da República. Assim decidiu nos autos da ADI nº 7.021, sob a relatoria do d. Ministro Luís Roberto Barroso.

Esta controvérsia, portanto, encontra-se superada.

Contudo, muitas outras permanecem sem resposta: qual o lugar reservado às federações partidárias na democracia contemporânea? Qual seu regime jurídico? Como operacionalizá-las?

É este o *mare incognitum* a ser desbravado pela obra.

Em seu primeiro capítulo, o cientista político Emerson Cervi conduz o leitor pela crise de representação dos partidos, que amargam baixa confiança da opinião pública, pouca atividade orgânica e carência de formação de quadros de militantes e de candidatos com conhecimento e vinculação ideológica.

Com o fim das coligações, que dificultou a formação de listas completas de candidatos para as eleições proporcionais, e o incremento de uma cláusula de desempenho mais rigorosa a partir de 2022, muitos partidos que ainda preservam o aspecto programático e doutrinário têm a sobrevivência ameaçada.

Como bem aponta Cervi ao final de seu percurso, a federação partidária foi a saída encontrada – um meio-termo a um só tempo viabiliza o preenchimento das listas de candidatos e pretende erradicar a efemeridade das coligações imediatistas e inconsistentes do ponto de vista ideológico.

Em seu segundo capítulo, os advogados e professores de direito eleitoral Luiz Gustavo de Andrade e Roosevelt Arraes desbravam os aspectos jurídico-normativos do novo instituto, explorando o conceito de federação partidária, seus elementos constituintes, sua natureza e limitações estatutárias.

Sem descuidar dos impactos que a novidade traz para o sistema político-eleitoral, discutem como as agremiações federadas atuarão como unidade partidária, como escolherão seus candidatos, realizarão propaganda e exercerão o poder. Também tratam da fidelidade federativa e da fidelidade partidária para esmiuçar as hipóteses de modificação e extinção da federação.

No terceiro capítulo, os eleitoralistas e professores Luiz Fernando Casagrande Pereira e Paulo Henrique Golambiuk, a partir da exigência de que os partidos federados mantenham unidade em todos os níveis federativos ao longo do mandato, analisam criticamente a constitucionalidade da vinculação em face da regra constitucional que veda a verticalização das coligações.

Neste mesmo trilhar, também passam pela vinculação quadrienal dos partidos federados, em face das eleições municipais, que ocorrerão em meio à vigência da federação, além dos efeitos da migração de parlamentares para siglas que a compõem, notadamente quanto aos impactos para a distribuição do fundo partidário e do tempo de propaganda em rádio e TV.

Foram estas as rotas traçadas e navegadas pelos autores em sua jornada para descobrir e mapear esta que é a desafiadora novidade da reforma eleitoral de 2021.

A quem acertadamente decidir por acompanhá-los na jornada, não serão poucas as recompensas.

Maria Claudia Bucchianeri Pinheiro
Ministra do Tribunal Superior Eleitoral (TSE). Fundadora da Academia Brasileira de Direito Eleitoral e Político (Abradep). Professora de Pós-Graduação em Direito Constitucional e em Direito Eleitoral. Presidente do Instituto de Direito Eleitoral do Distrito Federal (IDEDF).

PREFÁCIO DA 2ª EDIÇÃO

É com grande satisfação que apresento ao público a obra *Federação partidária: uma reforma eleitoral e política*, organizada pelos meus ilustres amigos Roosevelt Arraes, Emerson Urizzi Cervi, Luiz Gustavo de Andrade, Paulo Henrique Golambiuk e Luiz Fernando Casagrande Pereira.

Só mesmo a generosidade da amizade que tenho com os autores é que certamente levou ao honroso convite para prefaciar tão alentado livro. Claro, o convite, que muito me envaidece, impõe, ao mesmo tempo, responsabilidade singular: a de conseguir, em poucas palavras e na concisão que deve ter mesmo um prefácio, capturar toda a excelência e o mérito deste notável esforço acadêmico, que, na verdade, reflete o resultado de uma das linhas de suas respectivas investigações científicas e já longeva, profícua e reconhecida atuação profissional.

A muito prestigiada versão anterior do livro forneceu uma análise detalhada e multidisciplinar sobre a introdução das federações partidárias no Brasil, destacando os aspectos históricos, políticos e jurídicos desse novo instituto. A edição anterior examinou a evolução legislativa desde a criação das coligações partidárias pela Lei nº 9.504/97, passando pelas mudanças introduzidas pela Emenda Constitucional nº 97/2017 e culminando na Lei nº 14.208/2021, que instituiu as federações partidárias. A primeira edição discutiu amplamente as implicações dessa reforma, abordando desde a tramitação do projeto de lei até os debates políticos e os desafios constitucionais. Além disso, foram apresentados precedentes importantes do TSE e do STF, analisando como as federações impactam o funcionamento dos partidos e a governabilidade no Brasil.

A iniciativa de atualizar a obra reflete o compromisso dos autores em proporcionar uma análise contínua e relevante sobre o tema, incorporando novas pesquisas e dados empíricos das eleições de 2022. Esta nova edição revisada e ampliada traz um estudo científico sobre o desempenho das federações e dos partidos, aprimora as reflexões sobre os desafios das eleições municipais, e inclui uma vasta pesquisa bibliográfica e jurisprudencial. A atualização se mostra inovadora ao incluir análises mais recentes e detalhadas, fornecendo um entendimento aprofundado e contemporâneo das federações partidárias e suas implicações no cenário político-eleitoral brasileiro.

Com esta nova edição, o livro não apenas mantém sua relevância como uma obra de referência essencial, mas também expande seu alcance ao abordar os mais recentes desenvolvimentos e desafios enfrentados pelo sistema jurídico-eleitoral brasileiro. A dedicação dos autores em atualizar e enriquecer o conteúdo destaca a importância contínua do estudo das federações partidárias e sua influência na democracia brasileira.

Esta obra emerge como uma contribuição indispensável ao campo do direito eleitoral brasileiro, especialmente em um momento em que a federação partidária se configura como a grande novidade institucional que impactará profundamente a democracia brasileira nos próximos anos.

A louvável iniciativa dos autores em discutir um tema tão atual e relevante, especialmente no ano eleitoral das eleições municipais de 2024, revela um compromisso inabalável com o aprimoramento das instituições democráticas e com a promoção de um debate qualificado sobre as reformas políticas necessárias para a consolidação da democracia no Brasil. A federação partidária, introduzida pela Lei nº 14.208/2021, é uma inovação normativa que busca responder a uma série de desafios enfrentados pelo sistema político-eleitoral brasileiro, proporcionando novas possibilidades e estratégias para os partidos políticos.

A criação das federações visa reduzir a fragmentação partidária e os alegados problemas decorrentes da proliferação de partidos no Brasil. No entanto, como bem demonstrado na obra ora prefaciada e, inclusive, a comprovar sua importância, as federações enfrentam críticas sobre seu impacto na distribuição de recursos e no equilíbrio do processo eleitoral.

Atualmente, é a Resolução nº 23.670, de 14.12.2021, do Tribunal Superior Eleitoral (TSE), que regulamenta a formação, o registro e o funcionamento das federações de partidos políticos, exigindo que estas sejam constituídas como associações registradas no Registro Civil das Pessoas Jurídicas, com abrangência nacional, e submetam diversos documentos para o pedido de registro, incluindo certidões, programas, estatutos e atas de eleição, além de estabelecer procedimentos para impugnação, defesa e julgamento dos pedidos, definindo que a federação atue de forma unificada e mantenendo a identidade e autonomia dos partidos integrantes.

A Lei nº 14.208/2021 e a Resolução nº 23.670/2021 permitem a formação de federações de partidos com abrangência nacional, que devem durar no mínimo quatro anos. Partidos que se desligarem antes desse prazo enfrentarão sanções, incluindo a proibição de formar novas federações ou coligações e a suspensão do uso do fundo partidário. As federações não precisam de representação própria nos estados e municípios, desde que haja órgão partidário de um dos partidos integrantes na localidade. A legislação assegura autonomia às federações e partidos para formar coligações eleitorais nas eleições majoritárias, enquanto controvérsias internas são resolvidas pela Justiça comum, salvo questões específicas ligadas ao registro e alterações da federação.

A exemplificar a meritória dedicação dos autores do livro em manter sua investigação acadêmica atualizada, um dos temas mais atuais sobre a questão das federações partidárias é a Consulta nº 0600167-56.2023.6.00.0000, formulada pelo Partido Democrático Trabalhista (PDT) ao Tribunal Superior Eleitoral (TSE). Na referida consulta, o PDT faz duas indagações principais: primeiro, se a reunião de partidos políticos em uma federação partidária pode ser considerada uma justa causa para a desfiliação de um parlamentar sem a perda de mandato, nos termos do art. 22-A, inc. I, da Lei nº 9.096/1995. Essa justa causa seria fundamentada na mudança substancial ou desvio reiterado do programa partidário, resultante da federação. Segundo, em caso afirmativo à primeira pergunta, o PDT indaga qual seria o marco inicial para que um parlamentar possa iniciar o processo de desfiliação ou ingressar com uma ação declaratória de justa causa para desfiliação sem perda do mandato. As opções consideradas são: a data de constituição da federação, a data do pedido de registro, ou a data de deferimento do registro da federação pelo TSE.

A Procuradoria-Geral Eleitoral se manifestou sobre esta consulta, aderindo integralmente às razões do parecer da Assessoria Consultiva do TSE. Segundo o parecer, a constituição de uma federação partidária pode ser equiparada à fusão ou incorporação de partidos, configurando uma mudança substancial ou desvio do programa partidário, que justifica a desfiliação sem perda de mandato. A Procuradoria-Geral Eleitoral destaca que essa justa causa só é válida se a migração for para um partido fora da federação, evitando que o parlamentar continue a conviver politicamente com o partido que pretende abandonar. Além disso, quanto ao marco inicial para a desfiliação, a Procuradoria-Geral Eleitoral concorda que deve ser considerado o deferimento do registro da federação pelo TSE.

Na sessão administrativa do dia 4.6.2024, por maioria de votos, o TSE pôs fim ao questionamento, deliberando que a simples celebração de federação partidária não é apta a caracterizar justa causa para desfiliação.

Em seu voto, o relator da consulta, Min. Nunes Marques, ressaltou que a celebração da federação partidária não implica, por si só, mudança substancial ou desvio reiterado do programa partidário e, por conseguinte, não é apta a caracterizar justa causa para desfiliação. Assim, respondeu negativamente ao primeiro questionamento e julgou prejudicada a segunda indagação feita pelo PDT, que dizia respeito ao marco inicial para a desfiliação.

No entendimento do relator, a formação de federação não tem as mesmas características da fusão e da incorporação e, dessa forma, não há como aplicar, por analogia, os precedentes da Corte que consideram ambas as figuras como geradoras de justa causa.

O Min. Nunes Marques ainda destacou que a justa causa para desfiliação não está presente diante da mera formação da federação, devendo ser respeitada a fidelidade partidária, com a aplicação da justa causa somente nos casos previstos na legislação eleitoral.

A análise dessa consulta pelo TSE foi fundamental para orientar os partidos políticos e os parlamentares sobre a legalidade e as implicações das federações partidárias, especialmente com as eleições municipais de 2024 se aproximando. A decisão influenciará significativamente a dinâmica partidária e a estabilidade das coligações políticas no Brasil. Somos muito gratos aos autores, assim, por nos brindarem, além desse tema específico da fidelidade partidária na perspectiva das federações partidárias, com a qualificada abordagem de outros assuntos que serão de fundamental importância para todos que atuam no direito eleitoral, mais especificamente ainda para aqueles que se preparam para as eleições municipais de 2024.

Em outro caso importante, envolvendo o julgamento da Representação nº 0600556-75.2022.6.00.0000 e outras ajuizadas pelo Ministério Público Eleitoral e pelos partidos Rede Sustentabilidade, Partido Comunista do Brasil (PC do B), Partido dos Trabalhadores (PT) e Partido Democrático Trabalhista (PDT) contra Jair Messias Bolsonaro, Partido Liberal (PL) e Facebook, tendo por objeto discurso do ex-presidente sobre a alegada ocorrência de fraudes no sistema de votação digital, o TSE afirmou a ilegitimidade ativa de partido federado para atuar isoladamente em processos judiciais eleitorais, destacando a necessidade de atuação unificada pela federação partidária após o deferimento do registro da candidatura. Além disso, assentou a viabilidade da sucessão processual pela federação, garantindo que as ações sejam conduzidas em nome de todas as agremiações federadas.

Nesta edição da obra, o primeiro capítulo, escrito por Emerson Urizzi Cervi, oferece uma análise aprofundada sobre a perspectiva da ciência política, discutindo a evolução histórica e política da federação partidária no Brasil. Com uma sólida formação acadêmica e uma vasta experiência em pesquisa sobre opinião pública, partidos e eleições, Cervi examina a maturação do projeto de federação de partidos no Congresso Nacional, destacando a sua relevância e os impactos esperados nas próximas eleições.

No segundo capítulo, Roosevelt Arraes e Luiz Gustavo de Andrade exploram os principais aspectos jurídicos e normativos da federação partidária. Arraes, com sua extensa carreira como advogado e professor de direito constitucional e eleitoral, juntamente com Andrade, um especialista em direito constitucional e eleitoral, conduzem uma investigação detalhada sobre o funcionamento, a constituição e a extinção das federações partidárias, bem como as implicações jurídicas decorrentes da nova legislação.

O terceiro capítulo, de coautoria de Arraes, Andrade, Golambiuk e Casagrande Pereira, aborda as polêmicas constitucionais e os desafios práticos associados à federação partidária. Este capítulo é essencial para entender as nuances e as controvérsias legais que surgem com a implementação do novo instituto, especialmente no que tange à autonomia partidária, à vinculação quadrienal e à migração parlamentar. A expertise dos autores, todos renomados advogados e acadêmicos com vasta experiência em direito eleitoral, garante uma análise rigorosa e abrangente dos temas tratados.

A excelência desta obra reside na combinação da valiosa experiência profissional e acadêmica dos autores, que, ao longo dos capítulos, esgotam os aspectos mais relevantes e atuais sobre o tema da federação partidária. Cada capítulo é estruturado para oferecer uma visão clara e detalhada das questões políticas, jurídicas e práticas envolvidas, tornando-se uma leitura obrigatória para operadores do direito, pesquisadores, partidos políticos, candidatos e cidadãos interessados em compreender o complexo sistema jurídico-eleitoral brasileiro.

Ao reunir um grupo plural de especialistas, a obra proporciona uma argumentação robusta e multidisciplinar que enriquece o debate sobre as novas possibilidades político-eleitorais introduzidas pela federação partidária. A inclusão de um estudo científico sobre o desempenho dos partidos e das federações nas eleições de 2022, bem como uma ampla pesquisa bibliográfica e jurisprudencial, reforça a relevância e a atualidade do conteúdo apresentado.

Por fim, a obra Federação partidária: uma reforma eleitoral e política não apenas contribui para o entendimento das regras vigentes, mas também promove reflexões críticas sobre as possíveis consequências da celebração de federações partidárias. Trata-se de um trabalho essencial para aqueles que desejam aprofundar seus conhecimentos sobre o sistema político-eleitoral brasileiro e participar ativamente da construção de uma democracia mais justa e representativa.

Roosevelt Arraes, Emerson Urizzi Cervi, Luiz Gustavo de Andrade, Paulo Henrique Golambiuk e Luiz Fernando Casagrande Pereira estão de parabéns por esta contribuição monumental para a literatura jurídica e política do Brasil. Que esta obra inspire futuras pesquisas e debates que fortaleçam nossa democracia e aprimorem nossas instituições eleitorais.

Joelson Dias[1]

---

[1] Joelson Dias é Mestre em Direito pela Universidade de Harvard. Já foi Ministro substituto do Tribunal Superior Eleitoral (TSE). Advogado e sócio do escritório Barbosa e Dias Advogados Associados (Brasília-DF). Representante titular do Conselho Federal da OAB (CFOAB) no Conselho Nacional dos Direitos das Pessoas com Deficiência (Conade). Foi Presidente e hoje integra a Comissão Nacional dos Direitos da Pessoa com Deficiência do Conselho Federal da OAB. Membro da Comissão de Direito Constitucional da OAB-RJ. Membro da Comissão do Direito do Terceiro Setor da OAB-SP. Representante adjunto do Instituto dos Advogados Brasileiros (IAB) no Distrito Federal. Presidente da Comissão Nacional de Direito Penal Eleitoral da Associação Brasileira dos Advogados Criminalistas (Abracrim). Membro fundador da Academia Brasileira de Direito Eleitoral e Político (ABRADEP). Foi Secretário do Conselho de Colégios e Ordens de Advogados do Mercosul (Coadem). Ex-Secretário da Comissão Nacional de Relações Internacionais do Conselho Federal da OAB. Também representou o CF/OAB no Comitê Nacional da Educação em Direitos Humanos (CNEDH), no Comitê Nacional de Prevenção e Combate à Tortura e no Conselho Nacional dos Direitos das Pessoas com Deficiência (Conade), órgãos vinculados à então Secretaria de Direitos Humanos da Presidência da República. Foi Procurador da Fazenda Nacional, Procurador da Câmara Legislativa do Distrito Federal e servidor concursado do Tribunal Superior Eleitoral. Advogado. É Fundador da Rede de Direitos Humanos (RDH) e do Instituto de Estudos Jurídicos e Diálogos Constitucionais (Idecon).

INTRODUÇÃO

Alterações normativas não são neutras e refletem preocupações, aspirações e objetivos dominantes em certo momento histórico. Se esse aspecto das inovações normativas aparece em diversos ramos do direito, o que se dirá no direito eleitoral, que é o objeto primordial da disputa pelo exercício do poder. Quando se altera alguma regra importante do direito eleitoral, também se alteram os resultados da disputa de poder.

É por essa razão que não existem soluções fáceis para construir um sistema eleitoral justo, ou seja, um modelo que concilie objetivos, muitas vezes díspares, como promover a maior liberdade possível, ao mesmo tempo em que se deve assegurar igualdade de oportunidades e probidade no pleito. Como num caleidoscópio, ou num cubo mágico, cada movimento pode produzir uma nova realidade, por vezes inesperada até por quem o promoveu.

O instituto da federação partidária é mais um desses movimentos do legislador brasileiro, que se vincula a outras alterações normativas.

As coligações partidárias eram permitidas desde o advento da Lei nº 9.504/97. Vinte anos depois, em razão da Emenda Constitucional nº 97/2017, restringiu-se a opção de tal aliança às eleições majoritárias. Também se criou uma cláusula de barreira severa. O intuito era de diminuir o número de partidos, para facilitar a governabilidade e tentar banir as incoerências ideológicas praticadas nas coligações. Como efeito colateral, muitas agremiações tiveram dificuldade de compor sua lista de candidatos nas eleições municipais, e partidos com atuação programática e ideológica estão diante da séria possibilidade de terem sua existência comprometida. Assim, o objetivo de viabilizar a governabilidade pode fragilizar a cláusula constitucional do pluralismo político, isto porque não é possível prever se, doravante, apenas partidos de certo espectro ideológico ocuparão o poder e receberão recursos públicos para se manterem, porque superaram a cláusula de desempenho, ao passo que partidos com outros vieses programáticos terão reduzidas as chances de interferir na discussão pública, valendo-se dos mecanismos institucionais que estão à disposição das demais agremiações com maior poderio social, político e econômico.

A Lei nº 14.208/2021 instituiu a federação partidária neste cenário normativo e institucional, promovendo significativas alterações tanto na Lei nº 9.096/95, quanto na Lei nº 9.504/97. Para desnudar os principais aspectos do novo instituto jurídico e político, o livro foi organizado de maneira multidisciplinar.

No primeiro capítulo, o tema é tratado sob a perspectiva da ciência política, debatendo-se a reforma a partir da situação dos partidos políticos brasileiros, discutindo-se a tramitação do projeto de lei que levou à criação da federação partidária, para ao fim apresentar os horizontes e as polêmicas sobre essa novidade político-eleitoral. Ante as primeiras experiências das federações nas disputas eleitorais recentes, também foram apresentados os resultados políticos de sua atuação.

No segundo capítulo, são apresentados os principais aspectos jurídico-normativos da federação partidária, desde o seu conceito e criação até seu funcionamento e extinção. O capítulo investiga as nuances não somente da Lei nº 14.208/2021, mas, também, das resoluções do TSE e de outros dispositivos normativos que foram modificados ou adaptados em razão da inovação normativa. O livro também traz uma série de precedentes do TSE e dos TREs, a fim de ilustrar a forma pela qual o tema vem sendo tratado pelas Cortes Eleitorais.

As federações foram validadas pelo Supremo Tribunal Federal no julgamento cautelar da ADI nº 7.021 e alguns partidos já adotaram essa opção. No entanto, ainda existem sérias polêmicas a serem dirimidas.

No terceiro capítulo, os aspectos mais polêmicos da legislação serão explorados à luz da Constituição, notadamente, quanto à proibição de verticalização para disputas eleitorais, o impacto da federação para as eleições municipais e a consequência da migração parlamentar para o acesso ao fundo partidário e ao tempo de propaganda eleitoral em rádio e TV. A parte final do capítulo dedica-se a alguns temas que impactam diretamente as eleições municipais e que exigem cautelas adicionais por parte das pessoas que atuam com o direito eleitoral.

Não há fórmula pronta e acabada para os problemas da democracia brasileira e raramente alcança-se algum consenso substancial sobre o tipo de reforma político-eleitoral que deve ser implementada. Quanto ao novo instituto, será a observação empírica, aliada às discussões doutrinárias e jurisprudenciais, que contribuirá para o aperfeiçoamento do processo eleitoral. Nesse sentido, o livro pretende tanto auxiliar no entendimento das regras vigentes, quanto trazer reflexões relacionadas às possíveis consequências advindas da celebração de federações partidárias.

CAPÍTULO 1

FEDERAÇÕES: MUDANÇA INCREMENTAL PARA DAR CONTINUIDADE NA FORMA DE ORGANIZAÇÃO DOS PARTIDOS POLÍTICOS NO BRASIL

EMERSON URIZZI CERVI

Doutor em Ciência Política pelo IUPERJ, com estágio pós-doutoral em Partidos e Eleições na Universidad de Salamanca. Professor do Departamento de Ciência Política da UFPR. Professor permanente dos programas de pós-graduação em Ciência Política e em Comunicação da UFPR. Coordenador do grupo de pesquisa em Comunicação Política e Opinião Pública (www.cpop.ufpr.br). Possui publicações nas áreas de opinião pública, partidos e eleições. linktr.ee/ecervi.

1.1 Introdução

É tradição no parlamento brasileiro produzir normas sobre a temática partidária e eleitoral que não são inovadoras de fato. Isso porque, em geral, as normas aprovadas para valer a partir da eleição seguinte passaram por décadas de discussões ou em arquivos do Congresso Nacional. A lei que institui as federações partidárias é um exemplo desse lento processo que tem sua resolução adotada de maneira aparentemente emergencial.

Este capítulo tem como objetivo apresentar o processo de "maturação" do projeto de federação de partidos no Congresso Nacional. Ao todo, foram 22 anos, ou seja, quase o equivalente a uma geração e o equivalente a mais de cinco legislaturas desde a apresentação da primeira proposta que previa a federação de partidos, em 1999, até a promulgação da lei em setembro de 2021.

Para cumprir o objetivo, o capítulo está dividido em três partes a partir daqui. Na primeira é feita uma introdução sobre o papel dos partidos políticos no Brasil e as tensões na relação entre partidos com grande capilaridade formal (pois têm registro na justiça eleitoral e precisam ser de abrangência nacional) e forte concentração de poder decisório nos órgãos superiores de direção. A concentração de poder decisório nas direções partidárias é a contraface da cultura de afastamento do cidadão comum da vida dos partidos políticos nos períodos entre os processos eleitorais. Esta cultura tem sido reafirmada ao longo do tempo pelas mudanças incrementais nas leis eleitorais e pela forma como é construído o debate público no Brasil sobre o papel dos partidos políticos na democracia.

Em seguida, o capítulo apresenta o processo legislativo do projeto que se transformou na Lei nº 14.208/21, que inclui a possibilidade de criação de federações partidárias na lei dos partidos políticos, a nº 9.096/95. A primeira proposta de criação de federações partidárias foi apresentada apenas quatro anos após a aprovação da lei de partidos vigente atualmente, em 1999, pelo então Deputado Federal Haroldo Lima (PCdoB da Bahia). Dezesseis anos depois, em 2015, o Senado Federal aprovou outro projeto que prevê as federações e o enviou para a Câmara de Deputados, que o engavetou. O projeto discutido que permite as federações partidárias no âmbito da reforma eleitoral em 2021, aprovado em agosto pela Câmara e Senado por ampla maioria, foi vetado pelo presidente da República. No final de setembro do mesmo ano, o Congresso derrubou o veto por ampla maioria de votos e promulgou a lei, que passa a valer nas eleições de 2022. Depois disso, o STF decidiu alterar a data limite para constituição das federações.

No último tópico do capítulo, são discutidas as consequências possíveis e efeitos da medida para o futuro da vida partidária. O principal objetivo é desafazer a ideia errônea de que as federações substituem as coligações. Não se trata disso. Federações e coligações vão conviver no sistema eleitoral e partidário brasileiro até que venha uma nova alteração nas regras. Há inovações nas federações, mas elas não são excludentes das coligações. Ao contrário, o que se pode concluir é que coligações são uniões efêmeras de partidos nas disputas eleitorais majoritárias enquanto federações são uniões mais permanentes de partidos em disputas eleitorais proporcionais. Por isso que mudanças incrementais no sistema partidário, como a lei das federações, tratadas como exemplos de ruptura radical do sistema costumam deixar desalentados os mais otimistas analistas normativos no Brasil.

1.2 O debate sobre partidos políticos

Partidos estão entre as instituições políticas mais antigas e duradouras do Brasil. Em 2024, eles completarão dois séculos de existência. Estão previstos no sistema político brasileiro desde a Constituição de 1824, a primeira do Brasil Império, tendo deixado de funcionar apenas em um curto período, durante o Estado Novo (1937 a 1945) (CHACON, 1998). Apesar disso, há um consenso na literatura especializada da existência de uma cultura antipartidária enraizada na população brasileira (SOARES, 1973; LIMA JR., 1983). Empiricamente, esse consenso é retratado nos resultados de pesquisa de opinião que indicam altos percentuais de avaliação negativa e baixa confiança nos partidos políticos. Em geral, apenas 40% dos brasileiros diz ter simpatia por algum partido político. Os percentuais dos que dizem não ter simpatia por nenhum partido político no Brasil variaram entre 40% e 60% nos últimos 30 anos (DATAFOLHA, 2017). Além disso, de acordo com dados do TSE, menos de 15% dos eleitores têm filiação ativa em um partido político (CERVI; TERRON; SOARES, 2020). O afastamento do eleitor comum do cotidiano dos partidos políticos pode ser explicado a partir de duas dimensões. Uma histórica e outra funcional. Este tópico apresentará uma revisão dessas dimensões para indicar como elas se relacionam com a proposta de federação partidária.

Do ponto de vista histórico, os partidos brasileiros tendem a ser agremiações com organização do tipo *top-down*, em que uma elite dirigente, normalmente parlamentar, tende a controlar as instâncias decisórias e, salvo exceções, a tendência é de centralização decisória. As estruturas organizacionais são mais usadas para transmissão vertical de decisões e menos para tomada de decisão compartilhada entre dirigentes, militantes e filiados. Essa tendência aparece desde o início do sistema partidário brasileiro e hoje pode ser identificada no grande número de diretórios provisórios estaduais e municipais dos partidos (CERVI; BORBA, 2019).

A primeira Constituição do Império brasileiro, em 1824, já previa a existência de partidos políticos como intermediadores de demandas da sociedade junto ao poder real. Durante todo o período existiram dois partidos, o Conservador e o Liberal, que reuniam segmentos da elite intelectual, econômica e militar. Eles se revezaram na função de conselheiros de reis e apresentavam pouca permeabilidade social. Apesar de inspirado no sistema pós-revolução francesa, o Brasil imperial nunca teve um partido de trabalhadores, como aconteceu na Europa, no mesmo período. Aqui, os partidos surgiram como correia de transmissão de interesses de segmentos produtivos e o poder central durante o Império (NICOLAU, 1996; 2002; KINZO, 1993).

O desgaste do regime imperial não atingiu diretamente a instituição dos partidos políticos. Ao invés de simplesmente combater os partidos existentes à época, os ativistas antirregime organizavam-se em torno dos chamados partidos republicanos já a partir de 1870. Mas, para se distinguir das organizações de representação nacional do período imperial, os partidos republicanos tinham como principal característica o caráter regional. Então, havia o Partido Republicano Paulista, o Partido Republicano Mineiro e assim por diante (PINTO, 2013).

A primeira república, de 1889 a 1930, foi caracterizada pela existência de partidos regionais. A princípio, a organização regional deveria aproximar as esferas de tomada de decisão das bases dos partidos. No entanto, o que aconteceu foi o contrário, os partidos regionais foram "aprisionados" por grupos, normalmente formados por clãs familiares, dando origem ao caciquismo político no Brasil (AVELINO FILHO, 1984; LEAL, 1997). Foi o período em que se instituíram as relações de cooptação por dependência econômica e os partidos republicanos regionais em feudos de coronéis locais que usavam as organizações para se estabelecerem nas estruturas estatais (SOUZA, 1969; LEAL, 1997).

A força dos partidos regionais era tão grande que, mesmo após o movimento de 1930, eles continuaram existindo. O primeiro Código Eleitoral, de 1932, promoveu mudanças importantes no sistema representativo brasileiro. Estabeleceu o voto feminino, criou o voto secreto, deu início ao sistema proporcional de eleições para cargos legislativos e criou a justiça eleitoral. Em relação aos partidos políticos, fez uma distinção entre partidos permanentes, com registro permanente, e partidos provisórios, criados nos períodos prévios às eleições. No entanto, o sistema partidário continuou tendo um caráter regional (SCHMITT, 2000).

Uma das justificativas para o golpe de Estado que deu início ao Estado Novo (1937 a 1945) foi a inexistência de partidos de caráter nacional. Os partidos regionais foram responsabilizados pela crise política de 1937 e extintos, por decreto, em dezembro daquele ano. Em

1945, pelo Decreto-Lei nº 7.586/45, conhecido como Lei Agamenon, os partidos políticos foram restabelecidos como instituições de representação da sociedade. A principal característica a partir de então é que só poderiam receber registro definitivo os partidos que tivessem caráter nacional. A Lei Agamenon foi incorporada à Constituição de 1946, que manteve as estruturas partidárias com organizações regionais e nacionais, garantindo uma unidade programática para todo o país e proibindo a existência de partidos regionais.

A "renacionalização" dos partidos, agora em uma república federativa, deveria ter gerado uma maior capilaridade, integração e horizontalidade nas decisões. No entanto, ao longo do tempo, não foi o que aconteceu. Cada vez mais, nas últimas décadas, as direções partidárias têm centralizado as decisões e reduzido os efetivos espaços de participação, ainda que do ponto de vista normativo existam medidas, até da justiça eleitoral, para democratização partidária. A consequência é um esvaziamento das estruturas decisórias efetivas em um sistema com um número significativo de partidos que se propõem nacionais, mas que dificilmente conseguem alcançar a meta. Partidos nacionais esvaziados internamente, com pouca militância e decisão centralizada, tendem a ter dificuldade para compor as listas de candidatos às eleições proporcionais. Essa dificuldade é o que sempre justificou, na prática, a existência de coligações partidárias em disputas eleitorais pelo sistema proporcional – o que do ponto de vista lógico não faz sentido.

No início do século XXI, temos o seguinte cenário: partidos com baixa confiança da opinião pública; sistema de partidos nacionais exclusivos; grande número de partidos com pouca atividade orgânica, gerando mais caciques do que militantes; em geral, baixa ou nenhuma atividade de formação de quadros e militância para além dos períodos eleitorais e a necessidade de filiar militantes e organizar listas com grande número de candidatos a cada dois anos. Nas eleições nacionais os partidos apresentam quase 25 mil candidatos para os cargos de presidente, governadores, senadores, deputados federais, distritais e estaduais. Nas eleições municipais, já chegamos a meio milhão de candidatos, sendo 470 mil concorrentes a vereador e 30 mil a prefeito e vice-prefeito (TSE, 2020).

A necessidade de apresentação de candidatos, sem a formação permanente de quadros, levou à necessidade de coligações eleitorais, de curto prazo e sem vinculação ideológica. Com o tempo, essa alternativa foi mostrando-se prejudicial à imagem dos partidos na opinião pública. Era preciso uma reforma que reduzisse os danos causados pelas coligações eleitorais à imagem dos partidos, mas que garantisse a manutenção das direções partidárias e que desse as condições necessárias para o preenchimento das listas de candidatos. A alternativa da simples proibição de coligações nas eleições proporcionais, colocada em prática nas disputas municipais de 2020, mostrou-se inviável. Os partidos não conseguiram formar listas completas.

A saída, para 2022, foi encontrar um meio termo. Algo que garantisse o bônus do preenchimento das listas de candidatos e que não tivesse o ônus da efemeridade das coligações eleitorais imediatistas e inconsistentes do ponto de vista ideológico (MENEGUELLO, 1998; SCHMITT; KRAUSE, 2005). O meio termo é a federação de partidos.

Outra característica constante em todos os dois séculos de partidos políticos no Brasil é o fato de nunca ter sido prevista a existência de uma estrutura organizacional suprapartidária. Os partidos sempre foram a instância máxima de organização da vida política institucionalizada. Com as federações, isso muda. Pela primeira vez existe a possibilidade de uma instância de tomada de decisão e de organização que está acima das direções partidárias. A forma como a proposta foi apresentada, tramitou no Congresso, foi aprovada na Câmara e no Senado, vetada pelo presidente da República, teve o veto derrubado pelo Congresso Nacional e foi alterada pelo STF sem nem mesmo ter sido aplicada na prática é objeto do próximo tópico.

1.3 A discussão nas casas legislativas

A Lei nº 9.096/95, conhecida como Lei dos Partidos Políticos, foi aprovada em meados da década de 1990 com o objetivo de dar estabilidade jurídica ao sistema partidário e para evitar a necessidade de permanentes reformas. Não foi o que aconteceu. Desde os anos 2000, vivemos um constante processo de reformas eleitorais cíclicas – que sempre acontecem em anos ímpares para já ter validade na próxima eleição (SILVA et al., 2015; SOARES; RENNÓ, 2019). A Lei dos Partidos, desde sua origem, previa a possibilidade de coligações eleitorais em disputas majoritárias e nas proporcionais. Esta segunda sempre foi objeto de críticas, pois é ilógico existir um sistema proporcional de eleição, que existe para favorecer a pluralidade de opções, e ao mesmo tempo permitir que os partidos se coliguem apenas para a disputa eleitoral – o que reduz a pluralidade de opções.

A possibilidade de coligações nas disputas proporcionais foi mantida na Lei nº 9.096/95 por motivos práticos. Líderes partidários sabiam ser impossível cada partido montar uma lista própria de candidatos às eleições. No entanto, durante todo o período em que existiram, as coligações foram alvo de críticas, principalmente por serem movidas por interesses eleitorais personalistas e momentâneos; por desrespeitarem, muitas vezes, os princípios programáticos e ideológicos dos partidos que se coligavam em disputas proporcionais. Ainda assim, as coligações nas eleições proporcionais conseguiram sobreviver por mais de 20 anos. Até que na reforma eleitoral de 2017 foram proibidas em eleições proporcionais a partir de 2020. Ou seja, as coligações valeram até as eleições nacionais de 2018, e as municipais de 2020 serviram como teste para verificar a viabilidade da medida.

A proibição não passou no teste. Partidos grandes não conseguiram completar suas listas de candidatos a vereador. Tinham dificuldade em cumprir cota feminina e acabaram reduzindo a participação proporcional na distribuição de votos, cedendo espaço para legenda média. As grandes e pequenas perderam. Era preciso fazer alguma mudança para 2022, sem que isso representasse a volta das coligações nas eleições proporcionais. Aí entra uma característica bastante comum do processo legislativo brasileiro, que é a existência de um "estoque" de projetos de lei já apresentados disponíveis para serem desengavetados quando necessário. No caso das federações, existiam duas propostas, uma da Câmara e outra do Senado, prontas para serem colocadas em discussão. Isso reduz o desgaste do início da discussão e, principalmente, limita as opções de escolha pelos parlamentares.

A primeira proposta de federação partidária foi apresentada à Câmara de Deputados em 1999, portanto, apenas quatro anos depois da aprovação da Lei dos Partidos, pelo então Deputado Haroldo Lima (PCdoB da BA). Era o Projeto de Lei nº 1.203/99 e chamava de "frente de partidos" uma união mais permanente do que as coligações eleitorais (CÂMARA DOS DEPUTADOS, 1999). Nesse projeto já estão previstos os principais elementos da lei aprovada em 2021. Ele estabelecia que os recursos dos partidos que compõem a frente seriam somados, além de exigir a existência de um programa e estatutos próprios da frente. Os partidos não deixariam de existir, mas estariam submetidos ao programa comum da frente, suprapartidário. A proposta não avançou e, como determina a lei, ao final do mandato foi arquivada. O saldo político das coligações ainda era positivo em relação ao desgaste junto à opinião pública no início dos anos 2000.

Em 2015, já no bojo do desgaste gerado pelos efeitos retardados da crise econômica mundial de 2008, e do desgaste político pela forma de condução da Operação Lava Jato, houve súbito crescimento de avaliação negativa dos partidos e do Congresso na opinião pública. Em resposta, o Senado Federal criou uma Comissão da Reforma Política para apresentar propostas de mudanças no sistema partidário e eleitoral brasileiros (CONGRESSO NACIONAL, 2015). Uma das propostas apresentadas, a forma de projeto de lei do Senado, instituía o que passou a se chamar de "federações de partidos políticos". O PLS nº 477/15 foi aprovado nas comissões do senado em julho de 2015 e em agosto do mesmo ano, em plenário, seguindo para a Câmara de Deputados. Na Câmara, ele se transformou em Projeto de Lei nº 2.522/15, que é o que foi aprovado em 2021. Porém, a proposta não teve andamento no primeiro momento. Em 2015, os deputados estavam mais propícios a testar o fim das coligações nas disputas proporcionais apenas. Foi o que aconteceu em 2017, para ser aplicada em 2020.

Os princípios gerais das federações partidárias aprovadas em 2021 também estão previstos na proposta de 2015: (i) dois ou mais partidos podem se reunir em uma federação; (ii) a constituição da federação se dará por estatuto próprio, registrado no Tribunal Superior Eleitoral; (iii) após isso a federação atuará como um partido; (iv) a ela se aplicam todas as normais eleitorais, de funcionamento parlamentar e de fidelidade partidária; (v) só podem participar de federações os partidos com registros definitivos no TSE; (vi) os integrantes de uma federação deverão permanecer nela por no mínimo quatro anos. Toda federação terá que ser constituída até o final do período de convenções partidárias para as eleições nacionais; (vii) as federações terão abrangência nacional.

Há apenas uma mudança importante do texto de 2015 em relação à lei publicada em 2021. Nesta última está previsto que se um partido deixar a federação, ele está impedido de realizar coligações nas duas eleições seguintes, até completar o prazo mínimo da federação. Por fim, uma federação continuará existindo enquanto restarem ao menos dois partidos nela.

No primeiro semestre de 2021, já sob o efeito dos resultados das eleições municipais do ano anterior, lideranças partidárias perceberam que teriam problemas para montar as listas de candidatos, respeitando as cotas, sem coligação e tendo que ultrapassar a cláusula de barreira.

Concluíram que a tarefa em 2022 seria muito difícil e buscaram alternativas. Começaram a tramitar em paralelo na Câmara de Deputados duas propostas. Uma, mais abrangente, chamada de reforma eleitoral, que incluía profundas mudanças na lei de partidos e na lei de eleições; e outra, o PL nº 2.522/15, que criava as federações. A reforma eleitoral era polêmica e tinha o objetivo final de retomar a possibilidade de coligações eleitorais nas disputas proporcionais. Esse era o cenário ideal para os líderes parlamentares. Para tanto, incluíram na proposta a criação do Distritão, que acabaria com as eleições proporcionais no Brasil na prática, ainda que não formalmente. Ao final do processo legislativo a volta das coligações foi apresentada como alternativa para não aprovação do Distritão. Dito e feito, em plenário, deputados de todos os partidos, independentemente de corrente ideológica, votaram contra o Distritão e a favor da volta das coligações nas disputas proporcionais.

Enquanto a reforma eleitoral era discutida, o PL nº 2.522/15 foi votado e aprovado em plenário da Câmara em agosto de 2021. Como era proposta originária do Senado, foi direto para sanção presidencial. Quando a reforma eleitoral chegou ao Senado, sofreu alterações. A principal delas foi ter rejeitado o retorno das coligações nas eleições proporcionais. Dado o fato de a limitação de prazo valer para as eleições de 2022, decidiu-se pela aprovação das federações em eleições proporcionais, houve acordo entre líderes das duas casas legislativas para manter as coligações nas majoritárias e a manutenção da proibição de coligações eleitorais em disputas proporcionais.

Em 12.8.2021 a Câmara votou o PL nº 2.522/15, que institui as federações partidárias no Brasil. O resultado foi 304 votos favoráveis e 119 contrários. Em seu relatório de plenário, o Deputado Silvio Costa Filho (Republicanos – PE) defendeu as federações a partir de dois argumentos principais. O primeiro é que, no médio prazo, as federações tenderão a reduzir o número de partidos no Brasil. O segundo é que o instituto das federações daria ao país a possibilidade de organizações interpartidárias, que estão presentes na maioria das democracias modernas e não podiam ser praticadas aqui (CÂMARA DOS DEPUTADOS, 2021).

O Gráfico 1 a seguir mostra o comportamento das bancadas na votação do projeto. Ele está organizado em ordem decrescente de número total de votos e inclui apenas os votos favoráveis e os votos contrários às federações. Foram excluídas as abstenções e ausências. Também não consta na imagem o voto favorável de um deputado sem partido (Rodrigo Maia – RJ), embora ele faça parte do total de 304 favoráveis.

Gráfico 1

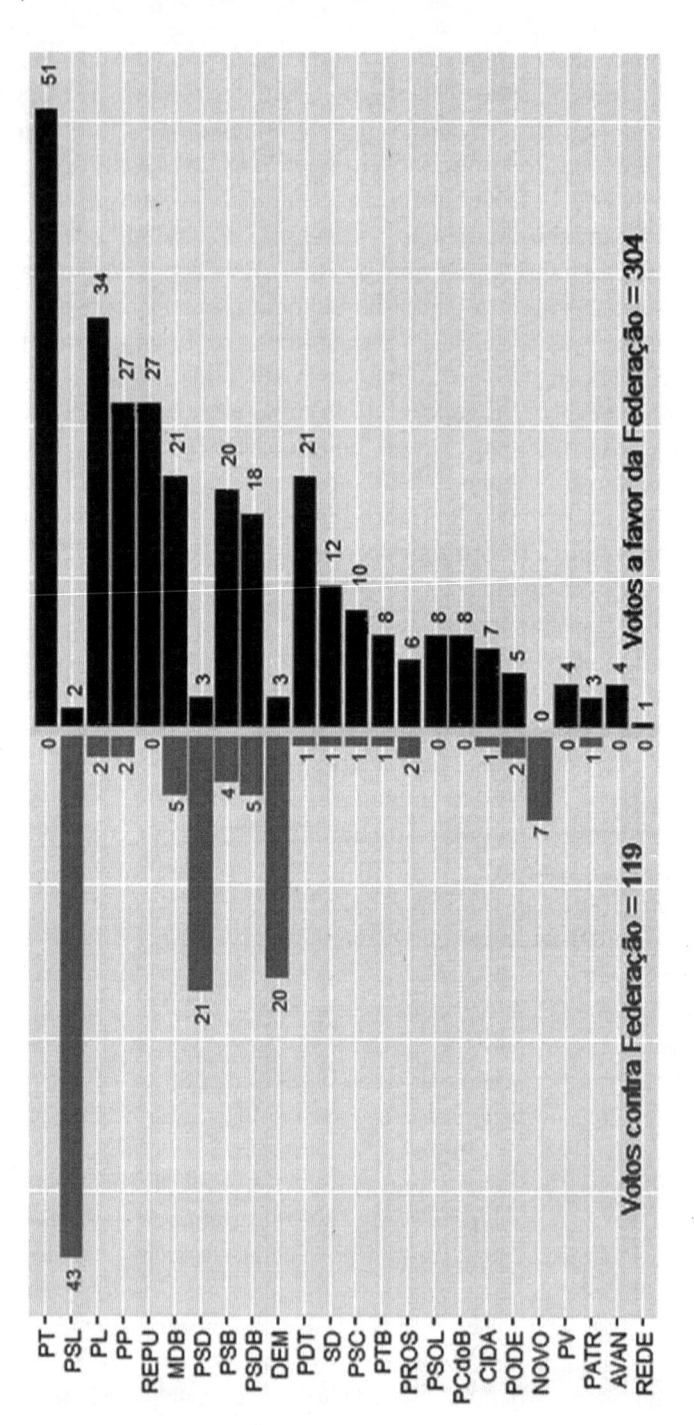

Votos a favor da Federação = 304
Votos contra Federação = 119

Partido	A favor	Contra
PT	51	0
PSL	2	43
PL	27	2
PP	27	2
REPU	21	0
MDB	3	5
PSD	20	21
PSB	18	4
PSDB	3	5
DEM	0	20
PDT	21	1
SD	12	1
PSC	10	1
PTB	8	1
PROS	6	2
PSOL	8	0
PCdoB	8	0
CIDA	7	1
PODE	5	2
NOVO	0	7
PV	4	0
PATR	3	1
AVAN	4	0
REDE	1	0

Fonte: Autor a partir de camara.leg.

A imagem mostra que os partidos que votaram majoritariamente contra as federações foram o PSL, PSD e DEM. O Novo foi o único partido com todos os votos contrários. Por outro lado, PT, Repu, PSOL, PCDOB, PV, Avan e Rede deram todos os votos a favor da criação de federações. Todos os demais tiveram votações majoritariamente pela criação das federações.

Aprovado o projeto no plenário da Câmara e feito o acordo com os senadores, em 17 de agosto a proposta foi enviada para sanção presidencial – bem antes do prazo final para a lei passar a valer já em 2022. É quando começa um novo problema. O presidente não sancionou a lei de imediato e usou todo prazo legal que tem para se manifestar e, ao final de um mês, vetou integralmente a proposta. A justificativa do veto é de suposta inconstitucionalidade da regra. Como ainda havia tempo hábil para definição da norma ter validade nas eleições de 2022, o Congresso se reuniu no final de setembro e derrubou o veto presidencial.

O Gráfico 2 a seguir mostra o resultado final da votação do veto ao Projeto nº 2.522/15. Como a votação de veto é secreta, não é possível identificar os comportamentos das bancadas, mas, pela votação na Câmara é possível perceber uma proximidade dos totais em relação à votação final do projeto, em agosto. Foram 353 votos pela rejeição do veto, 110 pela manutenção do veto na Câmara, 45 votos pela rejeição e 25 pela manutenção do veto no Senado.

Gráfico 2 – Resultado da derrubada de veto presidencial às federações partidárias – Votações realizadas em sessão conjunta do Congresso Nacional em 27.9.2021

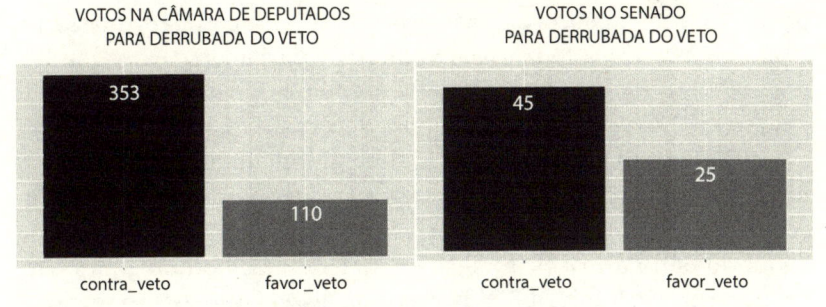

VOTOS NA CÂMARA DE DEPUTADOS PARA DERRUBADA DO VETO

VOTOS NO SENADO PARA DERRUBADA DO VETO

contra_veto	favor_veto	contra_veto	favor_veto
353	110	45	25

Fonte: Autor a partir de senado.leg.

Com a derrubada dos vetos, em 28.9.2021 foi promulgada a Lei nº 14.208/21, que altera artigos da Lei dos Partidos e da Lei das Eleições para criar as federações partidárias no Brasil. Elas serão formalizadas pela primeira vez nas convenções eleitorais entre julho e agosto de 2022 e terão validade mínima até o final de 2026. A partir daí será possível avaliar empiricamente os efeitos da introdução das estruturas interpartidárias na vida política brasileira.

1.4 Horizontes e polêmicas sobre a reforma

A primeira polêmica jurídica envolvendo a Lei das Federações deu-se antes mesmo de ela entrar em funcionamento na prática. Ainda em 2021, o diretório nacional do PTB alegou inconstitucionalidade da lei junto ao STF. O relator, Ministro Luís Roberto Barroso, em liminar considerou a lei constitucional, porém, desde que o prazo final para formalização das federações fosse o mesmo das janelas partidárias – 6 meses antes das eleições – e não o das convenções partidárias. A alegação de inconstitucionalidade e o prazo para formalização foram julgados em plenário e por maioria a lei foi considerada constitucional e o prazo para formalização de até 6 meses antes das eleições. No entanto, para 2022, abriu-se uma exceção e foi permitida a formalização de federações até 31 de maio. Cabia aos ministros do STF duas decisões técnicas: ou considerar inconstitucional ou considerar constitucional conforme estabelecido na proposta aprovada pelo parlamento, que previa a formalização nas convenções. A decisão política do STF foi encontrar um meio termo provisório para 2022, que é 31 de maio. E essa foi apenas a primeira polêmica em torno do novo dispositivo.

É necessária a aplicação prática em pelo menos uma legislatura para se avaliar o impacto das federações no sistema partidário brasileiro. Uma coisa é certa, a contar pela tradição no parlamento, se os resultados eleitorais não forem os esperados, sempre haverá um ano ímpar para uma nova reforma eleitoral para desfazer o que foi feito antes.

O que os líderes partidários esperam, de fato, das federações? Em primeiro lugar, a manutenção de seus poderes e dos recursos financeiros de suas siglas. As federações mantêm as regras de distribuição de fundo partidário e eleitoral, além do tempo de horário gratuito de propaganda eleitoral (HGPE) por partido. Esses recursos são somados nas federações. Então, cada presidente de partido pode manter seu "feudo" dentro da federação. Na regulamentação da lei, o TSE prevê que as prestações de contas eleitorais continuam sendo responsabilidade de cada partido e não das federações.

Em segundo lugar, prestar contas à opinião pública, pois as federações são vistas como coligações permanentes e com mais consistência ideológica interna. Com isso, a relação entre Executivo e Legislativo também será mais orgânica. Ainda que não resulte em uma redução no número total de partidos, com as federações haverá uma diminuição no número de bancadas e lideranças no legislativo para se negociar políticas de governo e projetos. Isso tenderá a dar uma dinâmica diferente em várias dimensões do parlamento. Desde a distribuição de presidências das comissões permanentes, relatorias de projetos, negociações em colégio de líderes, até votações em plenário.

Se as federações funcionarem, de fato, como instância suprapartidária, na prática será uma oportunidade para materializar institucionalmente o que hoje existe de maneira informal (ou no máximo na forma de frentes) no Congresso Nacional. Por exemplo, se forem efetivas, poderemos ter uma federação de partidos da bancada evangélica. Ou então as federações serão mais uma instância formal que não se sobrepõe à organização informal de interesses segmentados no parlamento.

Mas há possíveis entraves práticos, também. O principal deles é o caráter nacional das federações. Uma vez estabelecida a união de dois ou mais partidos em uma federação pelos diretórios nacionais, a mesma união terá que se repetir em todos os estados. Isso fará com que líderes regionais e caciques locais que até então disputaram eleições como adversários, terão que passar a conviver como membros de uma mesma bandeira. Coordenar isso em 27 unidades da federação exige muito talento e competência política.

Um segundo entrave, que tem relação com o primeiro, é a atuação das federações nas eleições municipais. A dinâmica política local é muito específica no Brasil. Tem pouca relação com os estatutos partidários e mais com a realidade da disputa entre dois ou no máximo três grupos políticos. Se a federação une o partido de um líder local a partidos sem lideranças naquele município, ela ajuda. Mas se a federação une partidos com lideranças fortes no município, ela passa a ser um problema que exigirá a intervenção regional ou nacional. O potencial problema tenderá a ser mais evidente nas capitais de estado, em 2024.

Uma questão que o dispositivo não resolve, ao contrário, tende a aprofundar, é a dificuldade em criar uma cultura de relação permanente entre eleitor comum e partidos políticos no Brasil, seja via militância ou simples filiação. Historicamente os partidos não são formadores de lideranças, que se filiam a uma sigla quando se propõem a disputar uma eleição por obrigatoriedade legal. A exclusividade de termos partidos nacionais, somada ao alto grau de centralização decisória dos partidos, continuará dificultando a participação orgânica dos eleitores na vida partidária entre eleições. Com as federações pode haver um "apagamento" ainda maior das bandeiras, ideais e projetos defendidos por partidos isolados. Com isso, tenderia a existir uma redução da, já pequena, participação orgânica de bases na vida dos partidos, o que aumentaria, por consequência, o poder decisório dos ocupantes de cargos de direção.

Por fim, é preciso reforçar aquilo que as federações não são. Elas não são substitutas das coligações eleitorais. Federações e coligações vão coexistir no sistema partidário e eleitoral brasileiro. As coligações valem para disputas majoritárias, enquanto as federações existem para organizar os partidos nas disputas proporcionais e nos parlamentos. Assim, uma federação de partidos poderá se coligar a outro partido ou a outra federação em apoio a um candidato a presidente ou a um candidato a governador. No último caso, uma mesma federação poderá participar de diferentes coligações ou lançar candidato próprio ao governo de estado coligado com partidos distintos em cada unidade da federação. Para o líder político competente, a federação de partidos é um poderoso ativo na hora de formar acordos e coalizões para as disputas majoritárias. E isso vale para as eleições nacionais e para as municipais. Mas só é um ativo para aqueles com competência para atuar no ambiente político.

1.5 Análise dos resultados das eleições de 2022

A primeira edição do livro foi publicada antes das eleições de 2022 e, portanto, sem o primeiro teste prático do efeito das federações nas disputas proporcionais brasileiras. Agora, para a segunda edição, há uma atualização com informações sobre o desempenho dos candidatos a deputado federal em 2022 nas federações e por partidos isolados.

Inicialmente, nota-se que, na primeira eleição, poucos partidos optaram por federalizar-se. Foram apenas três federações, reunindo, ao todo, sete partidos. Outros 23 decidiram disputar as eleições de forma isolada. Isso é uma inversão à prática de coligações, válidas até 2018, quando a maioria dos partidos decidia se coligar na maior parte dos estados brasileiros.

A segunda diferença foi no número de candidatos. Em 2022 foram registradas 10.624 candidaturas a deputado federal, cerca de 20% a mais que na eleição anterior. Do total, 9.083 (85%) disputaram em partido isolado e 1.541 (15%) em partidos de uma das três federações. Se compararmos com os 513 eleitos, foram 401 (78%) por partido isolado e 112 (22%) por uma federação. A diferença entre o percentual de candidatos e de eleitos foi positiva para as federações, que, tendo apresentado 15% das candidaturas, conseguiu eleger 22% dos deputados. Como indica o Gráfico 3, a seguir, percebe-se a inversão dos percentuais de candidatos eleitos.

Gráfico 3 – Percentuais de candidatos e eleitos por federações ou partidos isolados para Câmara de Deputados em 2022

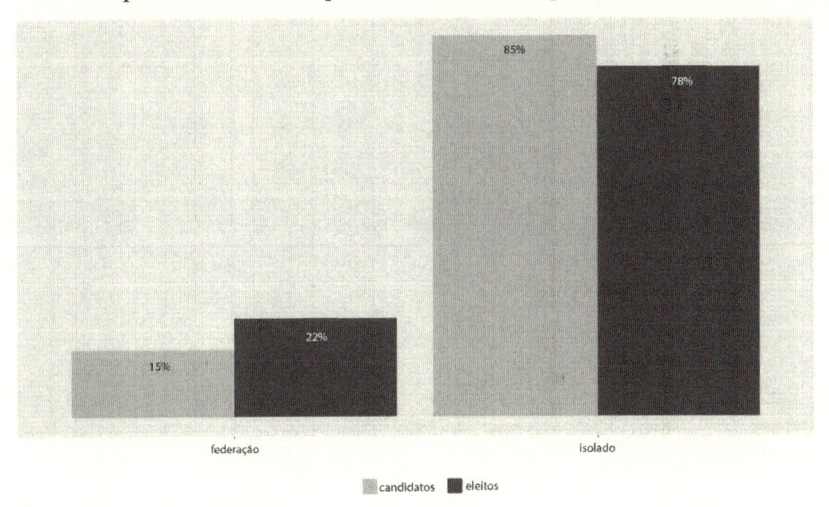

Fonte: Autor a partir de TSE.

No entanto, os percentuais nacionais não permitem identificar as variações de desempenho entre as regiões. Os estados da Região Norte representaram o menor percentual de eleitos por federações, apenas 4,6% do total. No Nordeste, o percentual também ficou abaixo da média nacional, em 20%. Nas demais regiões, Sudeste, Sul e Centro-Oeste, os percentuais ficaram em torno de 25%, um pouco acima da média nacional. É possível que a diferença regional seja representativa das diferenças de estrutura e capital eleitoral de partidos que compõem ou não as federações. Ou seja, as diferenças regionais podem representar a força dos partidos propriamente ditos em vez de o impacto das federações sobre a organização das campanhas eleitorais.

Quanto ao desempenho dos partidos, as federações não implicaram significativas mudanças, pelo menos na primeira experiência prática. Partidos que conseguiam eleger as maiores bancadas até 2018 mantiveram-se entre os maiores em 2022, independentemente de fazer parte ou não de uma federação. A tabela a seguir mostra o desempenho dos partidos nas eleições para deputado federal. Ela apresenta o total de candidatos e o total de eleitos, além de o partido integrar ou não uma federação. A tabela está organizada em ordem decrescente de partidos quanto ao sucesso eleitoral, medido em percentual de eleitos (coluna da direita). Quanto maior o percentual de eleitos de um partido, maior o sucesso eleitoral dele. Na média, em 2018, os partidos apresentaram 4,8% de eleitos, o que significa que cerca de um em cada vinte candidatos conseguiram se eleger.

Tabela 1 – Candidatos e eleitos por partido a deputado federal em 2022

(continua)

Partido (Federação)	Candidatos	Eleitos	% eleitos
PL	511	99	19,4
PT (Fed. Fé Brasil)	371	68	18,3
União	527	59	11,2
PP	509	47	11,0
MDB	490	42	8,6
REPU	533	41	8,4
PSD	428	42	8,0
PSOL (Fed. PSOL/Rede)	315	12	3,8
PSDB (Fed. PSDB/Cidadania)	343	13	3,8
PDT	483	17	3,5
PSB	458	14	2,9
PODE	509	12	2,4
PSC	429	6	1,4
Avante	425	7	1,4

(conclusão)

Partido (Federação)	Candidatos	Eleitos	% eleitos
SD	409	4	1,1
PCdoB (Fed. Fé Brasil)	67	6	1,0
Patriota	485	4	1,0
PV (Fed. Fé Brasil)	95	6	1,0
Cidadania (Fed. PSDB/Cidadania)	168	5	0,8
Novo	221	3	0,7
PROS	504	3	0,6
Rede (Fed. PSOL/Rede)	182	2	0,5
PTB	514	1	0,2
Agir	373	0	0,0
DC	258	0	0,0
PCB	40	0	0,0
PCO	57	0	0,0
PMB	237	0	0,0
PMN	285	0	0,0
PRTB	341	0	0,0
PSTU	39	0	0,0
UP	18	0	0,0
Total	9083	513	4,8

Fonte: Autor a partir do Tribunal Superior Eleitoral (TSE).

Apenas sete partidos ficaram acima da média de percentual de eleitos e apresentaram grande variação, como sumarizado na Tabela 1. O melhor desempenho foi do PL, com 19,4% de seus candidatos que foram eleitos, o que significa que quase um em cada cinco candidatos foram bem-sucedidos. Depois vem o PT, com 18,3% de eleitos. Na sequência o União e PP, na casa de 11% de eleitos. Em seguida o MDB, Republicanos e PSD, com 8% de eleitos. Outros 16 partidos conseguiram eleger um ou mais deputados, mas ficaram abaixo da média de percentual de eleitos. Os demais nove partidos da tabela não conseguiram eleger nenhum deputado federal em 2022.

Entre os partidos com maior percentual de sucesso, apenas PT disputou federado. Além disso, em eleições anteriores, o partido já se mantinha entre as maiores bancadas eleitas. Mas, se por um lado as federações não alteraram drasticamente o desempenho eleitoral dos partidos, por outro, elas garantiram que os partidos pequenos de todas elas conseguissem ficar acima do limite mínimo da cláusula de barreira. Se não estivessem integrando diferentes federações, PCdoB, Cidadania e Rede teriam ficado do mínimo da cláusula de barreira. Foi o que aconteceu com outros sete partidos, não federados, que não conseguiram alcançar o desempenho mínimo para ficar acima da cláusula de barreira, embora tenham conseguido eleger deputados.

Em sua primeira eleição, as federações não alteraram o equilíbrio de forças eleitorais, mas garantiram para alguns partidos federados melhores condições institucionais.

Quando comparamos os resultados de 2022 com os de eleições anteriores, o desempenho dos partidos pode ser explicado por duas variáveis políticas que estão além do surgimento das federações. A primeira delas é a permanência na arena eleitoral. Partidos com tradição tendem a concentrar melhores desempenhos, ainda que mudem de nome ou passem por fusões, como foi o caso do União em 2022. Apesar de ser a primeira eleição da sigla, ela representa a fusão do Democratas, partido tradicional, com o PSL, partido com um dos melhores desempenhos em 2018. MDB, PP, Republicanos, apesar de adotarem novos nomes e siglas, são partidos que herdam uma tradição de décadas de presença no cenário eleitoral brasileiro.

A segunda explicação do desempenho eleitoral para a Câmara de Deputados vincula-se à disputa majoritária. Partidos com candidatos a presidente competitivos tendem a garantir uma alta taxa de sucesso para a Câmara de Deputados. Foi assim com o PSL de 2018, com o candidato eleito Jair Bolsonaro, e a segunda maior bancada na Câmara de Deputados, e com o PL em 2022, apesar da derrota de Bolsonaro, conseguiu a maior bancada e maior percentual de eleitos da eleição. Também é o que aconteceu com o PT nas duas últimas eleições. Em 2018, fez a maior bancada eleita para a Câmara de Deputados e em 2022 ficou em segundo lugar.

Na prática, os resultados de 2022 mostram que o surgimento das federações se enquadra na categoria de mudança incremental gradativa, com impactos controlados sobre o sistema eleitoral, em vez de uma transformação significativa com efeitos de curto prazo, com pouco ou nenhum controle por parte dos partidos e candidatos. Assim, o mais provável é que o instituto das federações sobreviva às próximas reformas eleitorais e consiga, em médio prazo, alcançar os objetivos iniciais esperados, que é reduzir a fragmentação partidária nos parlamentos brasileiros. Entre a eleição de 2022 e o final de 2023, vários partidos anunciaram intenção de formar novas federações ou novas fusões, principalmente entre aqueles que não conseguiram passar a cláusula de barreira por terem disputado as eleições como partidos isolados.

CAPÍTULO 2

FEDERAÇÃO DE PARTIDOS: ASPECTOS JURÍDICOS

ROOSEVELT ARRAES

Advogado. Sócio fundador da Arraes & Carboni Sociedade de Advogados. Mestre e Doutor em Filosofia Política e do Direito pela PUCPR. Doutorando em Direito Constitucional pela UFPR. Professor de Direito Constitucional e Eleitoral do Unicuritiba e da Escola Paranaense de Direito. Diretor jurídico do Instituto Mais Cidadania. Membro da Comissão de Direito Eleitoral da OAB/PR, do Iprade, da Abradep. Observador internacional da Transparencia Electoral. Autor de diversos artigos e livros na área de direito eleitoral e democracia.

LUIZ GUSTAVO DE ANDRADE

Advogado. Sócio diretor da Zornig & Andrade Advogados Associados. Mestre em Direito pelo Unicuritiba. Doutorando pela PUC-SP. Professor de Direito Constitucional e Eleitoral do Unicuritiba e da Escola Paranaense de Direito. Presidente do Instituto Mais Cidadania. Membro do Iprade. Secretário-Geral da Abradep. Membro da equipe revisora do Projeto do Novo Código Eleitoral Brasileiro. Observador internacional da Transparencia Electoral. Autor de diversos artigos e livros na área de direito eleitoral e democracia.

No primeiro capítulo, discutiu-se o aspecto histórico e político da federação partidária. Neste capítulo, serão apresentados os seus aspectos jurídicos. As perguntas que conduzirão a investigação almejam indicar o que é e como funciona a federação partidária, desde o seu surgimento, passando pelas eleições e pelo exercício da legislatura, até sua extinção.

A exposição assumirá a premissa de que a Lei nº 14.208/2021 é constitucional e que pode compatibilizar-se com o ordenamento jurídico. Será no terceiro capítulo que os aspectos mais polêmicos da legislação serão explorados, à luz da Constituição.

2.1 A federação partidária: conceito, características, natureza jurídica e princípios

Consoante se extrai do art. 11-A da Lei nº 9.096/95, com a redação da Lei nº 14.208/2021, a federação partidária é uma reunião temporária, de abrangência nacional, de dois ou mais partidos políticos, registrada perante o Tribunal Superior Eleitoral, que deve atuar como se fosse uma única agremiação partidária, tanto na disputa eleitoral, quanto no exercício da legislatura, por no mínimo 4 anos.

A *reunião* pressupõe que as agremiações políticas se encontram em regular funcionamento perante o Tribunal Superior Eleitoral. Ou seja, o partido que irá compor a federação deve não só existir no plano fático e jurídico, tendo seus atos constitutivos regulamente registrados e válidos consoante dispõe a legislação civil (art. 53 e seguintes do Código Civil), como também deve ter existência política, atendendo à legislação eleitoral (art. 8º e seguintes da Lei nº 9.096/95). Logo, agremiações políticas sem existência jurídica e política, que foram incorporadas ou extintas, voluntária ou obrigatoriamente, não poderão integrar a federação.[1] Poderão compor a federação o novo partido que surgir da fusão e o partido incorporador (art. 29 da Lei nº 9.096/95), desde que validamente constituídos até 6 (seis) meses antes da eleição.[2]

---

[1] De acordo com a Lei nº 9.096/95, o partido político, após adquirir personalidade jurídica na forma da lei civil, registra seu estatuto no Tribunal Superior Eleitoral. E, somente o partido que tenha registrado seu estatuto no Tribunal Superior Eleitoral pode participar do processo eleitoral, receber recursos dos fundos públicos e ter acesso gratuito ao rádio e à televisão e, agora, compor federação partidária.

[2] A Lei nº 14.208/2021 estabeleceu a data final para a criação de federações partidárias como o último dia para a realização das convenções partidárias. No entanto, na ADI nº 7.021 do STF, o Min. Luís Roberto Barroso, em decisão monocrática, entendeu que: "7. Existe, porém, um problema de quebra de isonomia no tratamento diferenciado dado à federação partidária no que diz respeito ao seu registro perante o Tribunal Superior Eleitoral (TSE). Partidos políticos têm de fazê-lo até 6 (seis) meses antes das eleições (Lei nº 9.504/1997, art. 4º), sendo que, em relação à federação, a lei ora impugnada estende esse prazo até a data final do período de realização das convenções partidárias. Trata-se de uma desequiparação que não se justifica e que pode dar à federação indevida vantagem competitiva". O ministro também ponderou que não se: "menosprezar tampouco a perturbação à normalidade das eleições que poderia decorrer da formação de uma federação no último dia das convenções partidárias. Isso

Novos partidos, surgidos originariamente na forma do art. 8º da Lei nº 9.096/95, que não forem criados até seis meses antes das eleições não poderão compor, de imediato, a federação partidária, porquanto, além de não poderem lançar candidatos ao pleito, a federação deverá estar registrada até 6 (seis) meses antes da data da eleição.

O agrupamento entre os partidos exige um enlace com um *estatuto próprio* que estabelecerá compromissos, obrigações, direitos e prerrogativas de cada partido que integrar a federação, sendo assegurada a autonomia e a identidade de cada qual. A reunião tem caráter jurídico e pode trazer consequências prejudiciais à grei que violar as regras legais e estatutárias da federação. Não se trata, portanto, de um mero compromisso político, cujas ações não trazem consequências jurídicas tuteláveis pelo Poder Judiciário. Ao passo que compromissos políticos que se dão na formação de blocos parlamentares não trazem consequências diretas e imediatas para o partido político, mas, para os parlamentares – que deixam de compor mesas diretivas, perdem prerrogativas de nomeação de cargos, de fazer uso da palavra com prioridade, entre outras perdas políticas –, a violação à lei ou ao estatuto da federação acarreta consequências jurídicas significativas para as greis que a integram.

As consequências jurídicas da violação do vínculo associativo estão previstas no art. 11-A, §4º da Lei nº 9.096/95, as quais impedem o partido de ingressar em federação, de celebrar coligação, majoritária e proporcional, nas 2 (duas) eleições seguintes e de utilizar o fundo partidário. Aliás, considerando a autonomia dos partidos para estabelecer o estatuto da federação, também é possível que tal instrumento jurídico estabeleça sanções patrimoniais e políticas para a agremiação que a abandonar injustificadamente ou dela for excluída, a exemplo de cláusulas penais, multas, indenizações, deveres de abstenção de firmar acordos políticos, de formar bloco, de estabelecer certas relações partidárias, de promover certo tipo de abordagem política, de fazer uso de certos símbolos políticos, entre outras restrições.

A reunião dos partidos não é, portanto, apenas política, mas também jurídica. Por conseguinte, seu estatuto federativo tem caráter

---

porque o registro, de caráter nacional, imporá a atuação unificada dos partidos políticos em todas as esferas, podendo impactar sobre listas proporcionais escolhidas autonomamente pelas agremiações ou sobre coligações majoritárias já formadas [...]". A medida liminar foi chancelada pelo Plenário do STF, porém, para as eleições de 2022, estabeleceu-se o prazo até 31.05 para formar a federação, consoante Resolução nº 23.682/2022 do TSE.

político e jurídico. Quanto às regras estabelecidas na legislação ou no estatuto das casas legislativas, os partidos não têm disponibilidade, significando dizer que deverão ser observados durante o período de vigência da federação, no entanto, não há impedimento para que, durante a vigência da federação, sejam incluídas, modificadas ou extintas suas regras, ante o princípio da autonomia partidária.

A reunião entre os partidos é *temporária*. Sua constituição deve ocorrer até 6 (seis) meses antes da eleição e o seu prazo de duração é indeterminado. A antecedência de 6 (seis) meses a que se refere o art. 7º, §2º da Resolução nº 23.670/2021 do TSE é a das eleições em sentido amplo, sejam elas as eleições ordinárias ou complementares, gerais ou municipais. Logo, na hipótese, por exemplo, de dupla vacância, com sucessão provisória e convocação de eleições extemporâneas, a que faz referência o art. 81 da Constituição, em meio à legislatura, será possível celebrar uma nova federação para lançar candidatos ao referido pleito, desde que isso ocorra no prazo de 6 (seis) meses antes da eleição. Caso a federação seja formada dentro dos 6 (seis) meses que antecedem a eleição vindoura, não poderá a ela concorrer, porém, conseguirá participar dos pleitos posteriores, desde que observada a mencionada anterioridade semestral.

O prazo de duração da federação é indeterminado, mas, deve-se observar o tempo mínimo de existência de 4 anos a contar da data do registro do estatuto da federação no TSE. Embora o prazo seja indeterminado, a federação pode estabelecer um prazo fixo de vigência em seu estatuto, desde que não seja inferior aos referidos 4 anos. O estatuto também pode prever a possibilidade de prorrogação automática da federação, por um prazo específico ou indeterminado. Esse ato posterior, que altera o prazo de vigência da federação de prazo determinado para indeterminado, deve ser averbado junto ao TSE, para que tenha validade jurídica.

A abrangência da federação é *nacional*. Por conseguinte, não é possível firmar federações entre partidos em nível estadual ou municipal. É por essa razão que o estatuto da federação deverá ser registrado no TSE. A polêmica jurídica que surge é se o caráter nacional das federações não implicaria uma forma de verticalização, em que a federação firmada no nível nacional limitará a atuação dos partidos em nível estadual e municipal. Poderiam coligar-se no âmbito municipal partidos que não compõem a mesma federação em nível nacional? Em nível estadual, estariam obrigados a atuar num mesmo bloco parlamentar partidos que mantêm relações hostis no âmbito regional, mas que estão federados em âmbito nacional? Essas formas de verticalização, do nível nacional para os níveis regionais e locais, não implicariam a violação à regra do art. 17, §1º da Constituição da República, que proíbe a vinculação entre candidaturas em âmbito nacional, estadual, distrital ou municipal? Essas questões serão exploradas no terceiro capítulo.[3]

A federação exige uma reunião jurídica entre *dois ou mais partidos*, não havendo limite máximo de partidos que poderão compô-la, apenas número mínimo. Enquanto permanecerem dois partidos, a federação persistirá (art. 7º, §1º da Resolução nº 23.670/2021 do TSE).

A federação somente adquire existência jurídica e política a partir do *registro de seu estatuto no TSE*. A Lei nº 14.208/2021 apresenta os seguintes requisitos para sua constituição e registro do estatuto: (a) prazo de vinculação entre os partidos não inferior a 4 (quatro) anos; (b) cópia da resolução tomada pela maioria absoluta dos votos dos órgãos de deliberação nacional de cada um dos partidos integrantes da federação; (c) cópia do programa e do estatuto comuns da federação constituída, no qual deverão estar definidas as regras para a composição da lista da federação para as eleições proporcionais; (d) ata de eleição do órgão de direção nacional da federação.

O art. 11-A, §6º da Lei nº 9.096/95 estabelece a necessidade da realização de um pedido de registro do estatuto da federação ao TSE, mas não estabelece o procedimento para o processamento do pedido. A regulamentação da matéria encontra-se na Resolução nº 23.670/2021 do TSE, que será detalhada a seguir. O TSE exerce o controle formal do cumprimento dos requisitos anteriormente indicados, podendo, em tese, coibir eventuais abusos, violações à Constituição, à lei ou ao estatuto do partido que pretende integrar a federação, indicando a necessidade de exclusão ou ajuste de suas cláusulas,[4] da mesma forma que o faz quando

---

[3] Sem pretender adiantar a discussão, mas apenas para indicar os desafios que o novo instituto da federação partidária trouxe a todos os juristas, cita-se comentário da eleitoralista Marina Morais à Coluna "Política", do *Uol Notícias*: "Como a federação tem caráter nacional, ela vai acabar obrigando os estados e municípios a reproduzirem um acordo que é nacional. E isso é um problema, porque nós temos realidades locais muito diferentes no país" (NEVES, Rafael. Com futuro em jogo no STF, federações partidárias custam a sair do papel. *UOL Notícias*, 3 fev. 2022. Coluna Política).

[4] Raimundo Augusto Fernandes Neto defende que "regras estatutárias que concentrem o poder das elites partidárias devem ser alvo de restrições constitucionais, inicialmente por meio de aferição do TSE, quando do julgamento dos registros dos estatutos", mas também "mediante controle de inconstitucionalidade, no caso concreto" (FERNANDES NETO, Raimundo Augusto. *Partidos políticos*: desafios contemporâneos. Curitiba: Íthala, 2019. p.

do registro do estatuto de um novo partido ou do registro de uma alteração estatutária. Tal prerrogativa, porém, pode se tornar problemática quanto à aferição da *afinidade programática*, que permita a formulação de estatuto e de um programa comuns à federação (art. 11-A, §6º, II), já que não há critérios legislativos claros para tal fim. Embora seja possível indicar que alguns partidos são mais liberais e outros mais igualitários, uns são mais conservadores e outros mais progressistas, não há certeza de que, quanto a aspectos práticos, divirjam em todas as questões no exercício do poder. Neste ponto específico, eventual tentativa de controle, pelo TSE, da afinidade programática dos pretensos federados, a princípio esbarraria na cláusula constitucional da autonomia partidária, em que pese tal autonomia não seja absoluta e já tenha, o próprio TSE, em processo de registro de partido político, alertado que "o comando expresso no art. 17 da Constituição da República [...], ao assegurar a autonomia partidária, determina expressamente que sejam 'resguardados a soberania nacional, o regime democrático, o pluripartidarismo e os direitos fundamentais da pessoa humana'".[5] Aliás, o fato de os partidos se aproximarem e constituírem um estatuto para a federação, segundo os seus próprios preceitos, indica, de partida, a existência de alguma afinidade entre eles que não viola seus próprios estatutos.

A federação atuará "como se" fosse *uma* única *agremiação* e não como um agrupamento pontual de partidos, como ocorria com as coligações partidárias. Em razão dos princípios da autonomia e da identidade partidária, é garantida a independência de cada partido em continuar a ter sua atuação apartada e livre da interferência da federação. No entanto, quanto a alguns temas, obrigatoriamente, os partidos deverão atuar "como se" fossem uma única agremiação, um só partido. Na disputa eleitoral, exemplificativamente, os partidos federados deverão definir em seu estatuto a lista dos candidatos que disputarão

---

213-214). Concorda-se com o referido autor, somando-se, entretanto, a tal pensamento as ponderações de Marcelo Peregrino, que alerta para o que chama de "autocracia judicial vestida de poder moderador". Peregrino, ao externar preocupação com a judicialização da política, adverte que "há uma grave desconfiança do Poder Judiciário em relação à política e à Lei, paradoxalmente, em especial, em matéria eleitoral. Uma ideia de crise de representatividade permeia essa noção e está sendo suprida não pelas manifestações, antes examinadas, de democracia direta, comunal, dos usos e costumes das populações tradicionais, formas inexploradas e possíveis do exercício do poder popular, mas pela força autocrática da judicatura" (FERREIRA, Marcelo Ramos Peregrino. *Da democracia de partidos à autocracia judicial*: o caso brasileiro no divã. Florianópolis: Habitus, 2020. p. 171).

[5] BRASIL. Tribunal Superior Eleitoral. *RPP nº 141.796*. Rel. Min. Herman Benjamin; Rel. designado Min. Tarcísio Vieira de Carvalho Neto, j. 20.02.2018.

o pleito nas eleições proporcionais. Tal lista será constituída levando em conta o número total de cadeiras disputadas e a federação será considerada "como se" fosse um único partido, podendo lançar somente o mesmo número total de candidatos que um partido não federado poderia lançar. Do mesmo modo, quanto ao funcionamento parlamentar, a federação, perante o Parlamento, será considerada "como se" fosse um único partido, que pode fechar questão sobre votações e estabelecer sanções para os mandatários que, injustificadamente, descumprirem orientações da bancada.

Apresentado o conceito e detalhadas as características da federação partidária é possível *distingui-la de outras formas de união entre partidos*. Antes da Lei nº 14.208/2021, os partidos poderiam unir-se no intuito de melhorar seu desempenho eleitoral através das coligações para as eleições proporcionais, as quais foram extintas pela Emenda Constitucional nº 97/2017. Os partidos podem fundir-se, situação em que seus componentes perdem suas características para formar um novo partido. Os partidos também podem unir-se em blocos para atuar em conjunto no parlamento. A par dessas ponderações, poder-se-ia afirmar que as federações não são muito mais que coligações. Mas tal assertiva não leva em conta todas as características do instituto. Assim como um contrato de comodato compartilha características com o contrato de locação, já que em ambos os casos o possuidor entrega uma coisa a terceiro, a federação também tem elementos da coligação. Mas, a figura jurídica da coligação não subsumi e não se confunde com a da federação, assim como o contrato de locação não é idêntico ao do comodato.

Diferentemente dos institutos políticos e eleitorais anteriormente indicados, a Lei nº 14.208/2021 promoveu uma reforma eleitoral e política, criando uma nova forma de reunião entre greis, que não se reduz ao instituto eleitoral da coligação,[6] nem ao da fusão partidária,[7] nem à

---

[6] Consoante se extrai do art. 6º da Lei nº 9.504/97, a coligação é uma junção de partidos, sendo a ela atribuídas as prerrogativas e obrigações de partido político no que se refere ao processo eleitoral, e devendo funcionar como um só partido no relacionamento com a Justiça Eleitoral e no trato dos interesses interpartidários no tocante a uma eleição específica. Sua duração exaure-se ao fim do processo eleitoral.

[7] A fusão é o processo pelo qual dois ou mais partidos unem-se para criar uma nova agremiação. Com a fusão, os partidos que se uniram deixam de existir, com o surgimento da nova grei. Somente é possível fundirem-se partidos criados há pelos menos 5 (cinco) anos (art. 29, §9º da Lei nº 9.096/95), prazo que não se aplica para os partidos que pretendem formar uma federação.

figura política dos blocos parlamentares.[8] A federação partidária é um instituto jurídico-político específico, com características próprias. A federação diferencia-se da coligação porque possibilita a união de partidos para disputar as eleições proporcionais e majoritárias ou apenas a proporcional ou a majoritária, não se tratando, apenas, de uma reunião efêmera entre partidos para disputar as eleições majoritárias, como ocorre com a coligação. A duração da federação estende-se para o período de exercício do mandato, porque exige a instituição de um estatuto e um programa aprovado pelas direções das agremiações e que regulará as relações intrafederativas, sendo, portanto, mais estável. Já a coligação objetiva, exclusivamente, a conquista do poder através das eleições, restringindo-se a esse objetivo mais imediato de conquista do poder sem estabelecer qualquer compromisso público de atuação política conjunta dos partidos que a integram. A federação, além de contemplar tal intento, exige que as greis federadas exerçam o poder conjuntamente. É bem verdade que os partidos precisam registrar os atos da coligação para registrar sua chapa de candidatos à presidência da República no TSE, mas tal registro não contém todas as especificidades e compromissos exigidos de uma federação. A federação estabelece entre os partidos um dever compromissório de exercer o poder conjuntamente durante, ao menos, 4 anos.

Em tempos complexos em que o direito privado e o direito público se interpenetram, é praticamente impossível cravar indubitavelmente a *natureza jurídica* de um instituto. Diante dessa dificuldade, é comum atribuir-se aos institutos jurídicos uma natureza mista, o que, no fim das contas, é uma forma de responder a uma pergunta insolúvel. Apesar disso, separando-se cada momento de sua existência, é possível apresentar uma "condição dominante" para a federação. Quanto ao ato jurídico que constitui ou que extingue a federação, quanto ao seu funcionamento interno e a relação com outras entidades partidárias,[9]

---

[8] O bloco parlamentar é a união entre dois ou mais partidos para atuar na Casa Legislativa sob uma liderança comum, que conduz e orienta o posicionamento político dos mandatários que o compõem. De maneira geral, as lideranças dos partidos que compõem o bloco perdem suas atribuições e prerrogativas legais e regimentais, as quais passam a ser exercidas pela liderança do bloco.

[9] O termo "entidade partidária" será utilizado para designar uma pessoa jurídica com existência eleitoral e política estável, que estabelece direitos e deveres recíprocos entre e para os seus membros, de maneira que o descumprimento das regras que a regulam acarreta sanções políticas e jurídicas. Tanto os partidos não federados, quanto as federações partidárias são espécies do gênero "entidade partidária". As coligações e os blocos parlamentares não

pode-se afirmar que sua condição é predominantemente privada, na medida em que sua atuação deriva da autonomia dos partidos que a compõem. Não se trata, portanto, de um pacto submetido às regras de direito público, embora sofra inflexões da legislação como, aliás, ocorre com qualquer instituto jurídico. Quanto às suas atividades extrafederativas, que envolvem as disputas com outros partidos e federações, seja no âmbito eleitoral, seja no parlamento, a condição da federação é predominantemente pública, na medida em que seu propósito é de conquistar e exercer o poder na forma definida pela Constituição, resguardando a soberania nacional, o regime democrático, o pluripartidarismo e os direitos fundamentais da pessoa humana (art. 17).

Em face dessas características, extraem-se os *princípios* que orientam a compreensão do instituto da federação, alguns dos quais derivam do direito constitucional e partidário:

(a) Princípio do pluralismo político: uma democracia não é unitária, no sentido de apenas uma visão de mundo ser considerada verdadeira e justa; isso significa que é necessário preservar a convivência de diferentes posições sobre a forma de ordenar o Estado e a sociedade, de conceber as questões políticas e econômicas;[10] o instituto da federação pretende assegurar a convivência de diferentes posições partidárias, que se mostram representativas porque suas agremiações conseguiram apoiamento dos cidadãos para obterem a aprovação do TSE; ao mesmo tempo em que as federações podem possibilitar a

---

são considerados entidades partidárias, no sentido aqui indicado, por se tratarem de uma reunião ocasional entre partidos políticos.

[10] Danilo Martuccelli explica que não existem representações inequívocas sobre a realidade, pois a vida social é constantemente atravessada por uma diversidade de visões antagônicas e ações heterogêneas, com reflexos no governo social que necessita estar, constantemente, em aperfeiçoamento: "Por un lado, a pesar de los esfuerzos sistemáticos por imponer representaciones unívocas en la realidad, la vida social está constantemente atravesada por una diversidad de visiones antagónicas y de acciones heterogéneas. Por el outro lado, a pesar de los esfuerzos permanentes por coaccionar a los individuos, los controles jamás operan de manera immediata y sin desmayo en la vida social. Resultado: el gobierno de los individuos, por sólido y permanente que parezca, requiere de un constante trabajo de manutención. [...] Los horizontes de representación no son jamás unívocos: lo importante es pues comprender (al contrario de lo que el tema de orden social afirmó durante tanto tiempo) la diversidad irreductible y permanente de significaciones en la cual se desenvuelve constantemente la vida social" (MARTUCCELLI, Danilo. *El nuevo gobierno de los individuos*: controle, creencias y jerarquías. Santiago: LOM Ediciones, 2021. p. 37).

preservação da pluralidade de legendas políticas,[11] podem também implicar o agigantamento de algumas siglas, em detrimento das demais; como quem detém a maioria no parlamento federal estabelece as regras do jogo político-eleitoral, é essencial que os órgãos de controle judicial preservem a possibilidade da divergência, do debate e da pluralidade de associações partidárias, ainda que de menor representatividade eleitoral.

(b) Princípio da anualidade e da quadrianualidade enquanto vertentes da segurança jurídica: as regras que modificam o processo eleitoral somente produzem efeitos depois de um ano de sua sanção (art. 16 da CF); quanto às regras que tratam da federação, deve-se levar em conta que afetam o funcionamento político e parlamentar das agremiações, durante, ao menos, um quadriênio; em sendo assim, eventuais modificações das regras gerais relacionadas às federações devem observar o princípio da anualidade, ao passo que as regras que afetam a atuação política da federação de partidos deverão observar o princípio da quadrianualidade; ou seja, é possível (e até mesmo desejável, em razão da escassez regulatória que acompanhou a criação das federações) que o legislador estabeleça preceitos que disciplinem a existência delas, devendo, para tanto, observar o art. 16 da Constituição, em homenagem à segurança jurídica, direito-valor constitucional que justifica a própria existência da regra da anualidade. Já no âmbito interno das federações, a segurança jurídica foi positivada infraconstitucionalmente, a partir do estabelecimento do princípio da quadrianualidade, segundo o qual os preceitos norteadores da atuação da federação, estabelecidos previamente, quando de sua criação, perdurarão por quatro anos, período pelo qual deverão ser respeitados pelas agremiações

---

[11] Quanto à multiplicidade de partidos políticos em um contexto de pluralismo político, interessante destacar o pensamento de Raimundo Augusto Fernandes Neto: "Não parece próprio do sistema democrático, que elege o pluralismo político como fundamento constitucional, estagnar o processo social de renovação de ideias e lideranças, seja vedando a representação política das minorias no Parlamento, ou asfixiando o funcionamento das legendas partidárias" (FERNANDES NETO, Raimundo Augusto. *Partidos políticos*: desafios contemporâneos. Curitiba: Íthala, 2019. p. 105).

federadas que agirão "como se" uma única fossem, atendendo a tais preceitos e os respeitando.

(c) Princípio da autonomia (art. 11-A, §2º da Lei nº 9.096/95): autonomia significa a capacidade de autogerir-se por regras a si mesmo impostas; tal autonomia deve ser analisada sob duas óticas: a primeira, refere-se à relação entre a federação e outras entidades partidárias que não a compõem; e a segunda, diz respeito à relação entre a federação e os partidos que a compõem. Na primeira visão, pode-se dizer, mais tranquilamente, que as federações partidárias, assim como os partidos, possuem liberdade para definir sua estrutura interna e estabelecer regras sobre escolha, formação e duração de seus órgãos, sem sofrer ingerência estatal ou indevida interferência externa,[12] sendo o limite de tal autonomia o mesmo estabelecido como condicionante da autonomia constitucional dos partidos políticos (a soberania nacional, o regime democrático, o pluripartidarismo e os direitos fundamentais); já a autonomia da federação, se confrontada com a autonomia dos partidos que a compõem, é tema mais espinhoso; isso porque a Lei nº 14.208/2021 assegura "a preservação da identidade e da autonomia dos partidos integrantes de federação"; como é possível a convivência de um partido autônomo, dentro de uma federação autônoma? Parece que a solução estaria em a federação partidária assumir o compromisso de preservar a autonomia interna do partido que somente pode ser afetada se, voluntária e validamente, a grei decidir por aceitar determinadas restrições às suas escolhas eleitorais e políticas, a partir do que restar assim estabelecido e indicado no estatuto da federação levada a registro no TSE; afinal, não há como se dizer que os partidos manterão plenamente sua autonomia decisória, quando passam a compor algo maior que agirá em nome de cada um daqueles que compõem o todo, no tocante às matérias definidas na Lei nº 14.208/2021; portanto, os limites do que se transferirá em termos de decisões

---

[12] Em importante obra sobre a autonomia partidária, Ezikelly Barros recorda que a "positivação de tal norma no texto constitucional, após as experiências traumáticas de indevida intervenção estatal nas esferas internas das greis, foi uma grande conquista da sociedade brasileira" (BARROS, Ezikelly. *Autonomia partidária*: uma teoria geral. São Paulo: Almedina, 2021. p. 104).

à federação constará do estatuto desta, mantendo-se, no mais, a autonomia remanescente do partido, naquilo que este não abriu mão quando da integração da federação partidária. E aqui não há como não estabelecer um paralelo com as coligações que, durante o período eleitoral assumem parte da autonomia dos partidos coligados, os quais, inclusive, perdem temporariamente legitimidade processual para ações eleitorais.[13] Semelhante fenômeno ocorrerá com a federação, ao menos durante o período eleitoral, pois esta assumirá a legitimidade *ad causam* para os feitos judiciais eleitorais em nome do todo, retirando tal legitimidade dos partidos federados que a compõem. Trata-se de questão enfrentada pelo TSE nas eleições de 2022, tendo sido fixado entendimento no sentido de que "Não se admite a atuação isolada em ação judicial eleitoral de partido político que se acha formalmente reunido em federação partidária".[14] Por outro lado, apesar do quadriênio mínimo de existência das federações, para questões alheias ao processo e ao período eleitoral, naquilo que disser respeito aos interesses unicamente dos partidos, preserva-se a legitimidade processual destes, justamente em razão da autonomia a eles assegurada pelo §2º, do art. 11-A, da Lei nº 9.096/95. Por outro lado, mesmo durante o período eleitoral, o partido político deterá legitimidade para agir isoladamente, na hipótese de dissidência interna, ou quando questionada

---

[13] Neste sentido, recorda-se a jurisprudência do TSE: "Partido integrante de coligação não possui legitimidade para atuar isoladamente no processo eleitoral, nos termos do art. 6º, §4º, da Lei 9.504/97" (BRASIL. Tribunal Superior Eleitoral. *AgR-REspe nº 36.533*. Rel. Min. Nancy Andrighi, j. 13.11.2012). E mais recentemente, o TSE consolidou o entendimento de que: "2. Não se admite a atuação isolada em ação judicial eleitoral de partido político que se acha formalmente reunido em federação partidária. A partir do deferimento do seu respectivo registro pelo Tribunal Superior Eleitoral (TSE), a federação partidária passa a atuar de forma unificada em nome de todas as agremiações que a compõem, como se novo partido fosse" (TSE. Representação nº 0600741-16.2022.6.00.0000/Brasília. Rel. Min. Maria Claudia Bucchianeri, j. 30.9.2022). Nessa linha, têm-se também os seguintes precedentes: TSE, Recurso Ordinário Eleitoral nº 0600957-51.2022.6.26.0000 - São Paulo/SP. Rel. Min. Raul Araújo, 22.11.2022; TRE-PR. REC – Recurso Eleitoral nº 060217593 – Curitiba/PR, 0602175-93.2022.6.16.0000, Acórdão nº 61.345 de 26.9.2022. Rel. Des. Roberto Aurichio Junior, Publicado em Sessão, Data 29.9.2022; TRE-MA. PetCiv nº 060038627 – São Luís/MA, 0600386-27.2022.6.10.0000, Acórdão de 18.7.2022. Rel. Des. Cristiano Simas de Sousa. *DJe*, v. 133, 22.7.2022; TRE-MG, Embargos de Declaração no Registro de Candidatura nº 0602121-14.2022.6.13.0000 – Belo Horizonte. Rel. Juiz Marcelo Salgado, j. 28.9.2022.

[14] BRASIL. Tribunal Superior Eleitoral. Representação nº 060055068. Rel. Min. Maria Claudia Bucchianeri, j. 30.9.2022.

a validade de ato da própria federação, por aplicação analógica da jurisprudência formada ao longo dos anos para as coligações partidárias.[15] Não se deve esquecer, ainda, que a própria federação poderá se coligar a outras federações e partidos, hipótese esta que, se ocorrer, implicará transferência da legitimidade *ad causam* para a coligação da qual vier a fazer parte.

(d) Princípio da identidade (art. 11-A, §2º da Lei nº 9.096/95): a identidade é o conjunto de elementos e características que individualiza uma pessoa; a identidade partidária diz respeito aos preceitos, propostas e avaliações que cada partido apresenta como sendo os mais adequados para gerir o Estado e a sociedades; a história, a ideologia, os estatutos e os programas partidários formam a identidade do partido; a identidade partidária é intangível, de maneira que a federação partidária não tem a prerrogativa de alterar a identidade do partido; o partido tem a autonomia para firmar alianças políticas e constituir a federação; para isso, certamente, terá que negociar com os demais partidos, de maneira a alcançar uma única estratégia de conquista e exercício do poder pela federação; essas negociações, inerentes ao processo político democrático, não autorizam, porém, a desnaturação da identidade dos partidos que integram a federação.

(e) Princípio republicano: constitui-se no conjunto de defesas institucionais contra o mau uso do poder, ou seja, o republicanismo almeja proteger os melhores interesses do povo que é representado pelos agentes eletivos e partidos políticos; a eletividade, a temporalidade no exercício do poder e a alternância nas posições de mando, a garantia da igualdade de chances razoáveis para se alcançar o exercício do poder, o bom uso dos recursos públicos, a preservação dos canais de contradição, assim como a disposição permanente para a

---

[15] Neste sentido: "Impugnação a registro de candidatura. Legitimidade do partido político coligado. [...] O partido político coligado reúne legitimidade para agir isoladamente, na hipótese de dissidência interna, ou quando questionada a validade da própria coligação. [...]" (BRASIL. Tribunal Superior Eleitoral. *AgRgREspe nº 18.421*. Rel. Min. Garcia Vieira, j. 28.6.2001).

formação de consenso,[16] a responsabilidade e o compromisso dos partidos e agentes eletivos em relação aos eleitores são exemplos de como o princípio republicano se volta contra práticas de "legendas de aluguel", que ingressam em reuniões partidárias apenas com o fim de obter favores inconfessáveis ao público.

(f) Princípio democrático: as deliberações dos partidos, no âmbito da federação, devem preservar a vontade majoritária; no entanto, ao mesmo tempo, não é admissível que um partido dominante, numa federação, aniquile a possibilidade de atuação dos demais partidos que a compõem;[17] o princípio democrático também tem uma feição protetiva em relação a todos os agentes do jogo político, sem o qual tal jogo se converte em pura dominação arbitrária; portanto, a federação deve orientar-se de maneira a preservar a vontade da maioria, desde que tal maioria não se conduza por fins estranhos ao objeto da federação e não atue de maneira a favorecer outra entidade partidária em detrimento dos partidos que a constitui, respeite a proporcionalidade e a razoabilidade na distribuição de recursos, funções e na ocupação dos espaços de poder, entre outras providências que evidenciem o respeito a todas as agremiações que a compõem.

---

[16] O princípio republicano guarda relação com a busca do bem comum: "Debemos ampliar el concepto de bien común político, de lo cívico a la persona en cuanto tal, creando los espacios necesarios para su desarrollo moral, que implica el desarrollo integrado de nuestro sistema de inteligencias, y que constituye el medio esencial para superar a sua vez el 'sistema' análogo de pobrezas" (BURR CERDA, Sebastián. *El ocaso de la democracia representativa*. Santiago: Arcus, 2020. p. 348).

[17] Como advertem Walber Agra e Alisson Lucena, é possível que, em razão de questões políticas e do desempenho eleitoral, um partido sobressaia-se sobre os demais na federação. "Diante da estruturação do núcleo de poder dessas federações, em que o maior partido dispõe de ampla maioria para tomar as decisões, os interesses que deverão prevalecer são os interesses dessa maioria, fazendo com que o interesse das pequenas agremiações sejam relegados, bem como que diminua a atratividade para a manutenção e engajamento de filiados" (AGRA, Walber de Moura; LUCENA, Alisson. A federação partidária como forma de transição para um novo arranjo na estrutura dos partidos políticos. *In*: BARROS, Ezikelly; MALDONADO, Helio. *Federação de partidos* – Coletânea de artigos sobre a aplicação da Lei n. 14.208/2021. Brasília: Abradep – Academia Brasileira de Direito Eleitoral e Político, 2022. v. 2. p. 185). No entanto, tal prevalência, não deve se dar no âmbito jurídico, de forma que, pelo fato de um partido ter o maior número de membros na federação, a atuação dos partidos minoritários reste inviabilizada.

2.2 Criação, alterações, efeitos e limitações estatutárias

A federação é uma pessoa jurídica autônoma, composta por, ao menos, dois partidos políticos com funcionamento autorizado pelo TSE. Assim como um partido político, a federação deve observar dois momentos para a sua constituição. O jurídico e o político-eleitoral.

2.2.1 Criação, alterações e efeitos

No primeiro momento (jurídico), a federação deve ser registrada no cartório competente do Registro Civil das Pessoas Jurídicas do local de sua sede, na forma de associação civil (art. 44 do CC), cuja existência jurídica se inicia a partir do referido registro. Para promover tal registro, a federação deverá apresentar: (a) a resolução tomada pela maioria absoluta dos votos dos órgãos de deliberação nacional de cada um dos partidos que a integram; (b) o programa contendo os princípios doutrinários e programáticos, que nortearão sua atuação político-eleitoral; (c) o estatuto; (d) a ata de eleição do órgão de direção nacional da federação; (e) endereço e telefone de sua sede e de seus dirigentes nacionais, bem como endereço eletrônico para recebimento de comunicações.

O estatuto da federação deve conter o seu nome, denominação abreviada e o estabelecimento da sede no território nacional, além de regras sobre (a) associação e desligamento, direitos e deveres dos partidos políticos que a compõem; (b) modo como se organiza e administra, com a definição de sua estrutura geral e identificação, composição e competências de seus órgãos nos níveis municipal, estadual e nacional, duração dos mandatos e processo de eleição dos seus membros; (c) fidelidade e disciplina federativa, processo para apuração das infrações e aplicação das penalidades, assegurado amplo direito de defesa; (d) a forma de escolha de seus candidatos a cargos e funções eletivas, bem como para a composição de listas para as eleições proporcionais, que vinculará a escolha de candidatos da federação em todos os níveis; (e) finanças, contabilidade e o custeio pelos partidos políticos que compõe; (f) procedimento de reforma do programa e do estatuto.

Após a obtenção do registro no cartório competente, a federação deverá obter o CNPJ (Cadastro Nacional de Pessoas Jurídicas junto à Receita Federal).

Para atuar eleitoral e politicamente, a federação deverá requerer o seu registro junto ao TSE, instruindo o pedido com os documentos indicados no art. 2º da Resolução nº 23.670/2021. Conforme dispõe o art. 3º da referida resolução, o pedido será autuado na classe Registro de Federação Partidária e distribuído a um(a) relator(a), devendo a secretaria do Tribunal publicar, imediatamente, no *Diário da Justiça Eletrônico (DJe)*, edital para ciência das interessadas e dos interessados. Não havendo impugnação no prazo de 3 (três) dias, a(o) relator(a) ouvirá o Ministério Público Eleitoral no prazo de 3 (três) dias, e determinará, em igual prazo, as diligências para sanar eventuais falhas do processo, após o que apresentará o requerimento para julgamento perante o plenário do Tribunal no prazo de até 10 (dez) dias, podendo haver sustentação oral.

Tal requerimento também é passível de impugnação por qualquer interessado, no prazo de 3 (três) dias contados da publicação do edital, mediante petição fundamentada, acompanhada de prova documental pertinente e, se for o caso, de requerimento justificado de produção de outras provas, que evidenciem que a federação não cumpriu os requisitos legais para sua criação. A federação terá 3 dias para apresentar defesa, acompanhada de prova documental pertinente e, se for o caso, de requerimento justificado de produção de outras provas. Após a manifestação do Ministério Público Eleitoral, colhida em 2 dias, o(a) relator(a) saneará o processo, decidirá sobre a pertinência das provas requeridas e determinará a produção das consideradas necessárias e imprescindíveis para a solução da discussão. Com a juntada de qualquer documento com a resposta ou em momento posterior, deve ser dada vista à outra parte para manifestação no prazo de 3 (três) dias. Após, na forma anteriormente apontada, os autos serão remetidos ao Ministério Público Eleitoral para emissão de parecer, devendo a(o) relator(a) pautar o julgamento perante o plenário do Tribunal no prazo de até 10 (dez) dias, assegurado o direito à sustentação oral pela Procuradoria do Ministério Público Eleitoral e pelas partes.

Com o deferimento do registro da federação pelo TSE será anotada no Sistema de Informações Partidárias: (a) a informação, no registro de todos os partidos políticos que compõem a federação, da data em que passaram a integrá-la; e (b) a composição do órgão de direção nacional da federação.

Somente após o registro civil e o deferimento do requerimento pelo TSE é que a federação poderá atuar validamente, como se fosse um único partido, em todos os níveis (municipal, estadual e federal).

Exceto para as federações que pretendem disputar o pleito do ano de 2022,[18] deve-se observar o rito procedimental anteriormente indicado. Embora a Resolução nº 23.670/2021 do TSE somente mencione o cabimento de tutela antecipada para o funcionamento da federação, com o dever de julgamento até julho do ano da eleição geral de 2022, é possível vislumbrar o cabimento de tal medida processual para as eleições posteriores, com a diferença de que os partidos que a compõem deverão assumir o risco de o seu requerimento de registro ser indeferido em data ulterior às convenções partidárias, o que poderá trazer insegurança jurídica para o pleito.

Os efeitos da criação ou da alteração do estatuto da federação partidária se produzem de maneira diferenciada, quanto ao aspecto eleitoral e político e quanto ao acesso aos recursos públicos.

O art. 6º-A da Lei nº 9.504/97 veda "a formação de federação de partidos após o prazo de realização das convenções partidárias". Tal proibição, inserida apenas na Lei das Eleições, refere-se à eleição próxima vindoura. Assim, para participar do processo eleitoral que se avizinha, a federação deverá estar jurídica e politicamente constituída até 6 (seis) meses antes do pleito, seja para as eleições gerais, municipais, ordinárias ou complementares. Isso não significa que a federação não possa se formar durante ou mesmo após o processo eleitoral em curso. Nessa hipótese, a federação não poderá atuar eleitoralmente na eleição em curso, mas, para a eleição seguinte, ela estará habilitada a atuar como se fosse um único partido.

Quanto ao funcionamento parlamentar (aspecto político), a federação passa a atuar imediatamente, a partir do deferimento de seu registro pelo TSE. Exemplificativamente, uma federação formada durante um ano ímpar, mesmo não tendo disputado as eleições, passará a atuar como se fosse um único partido, em todas as casas parlamentares que tiver representantes eleitos.

---

[18] O Min. Luís Roberto Barroso deferiu medida liminar na ADI nº 7.021 do STF promovendo interpretação conforme a Constituição da Lei nº 14.208/2021, a qual fora ratificada pelo Plenário do STF. Nesta decisão ficou assentado que, para as eleições de 2022, as federações devem ter seu registro deferido no TSE até 31.5.2022. Tal registro pode decorrer do deferimento de tutela antecipatória, desde que inexista óbice ao deferimento do pedido, com ou sem necessidade de ajuste nas disposições estatutárias, o qual deve ser ratificado pelo Plenário da Corte até esta mesma data, consoante dispõe o art. 13, §2º da Resolução nº 23.670/2021, alterada pela Resolução nº 23.682/2022. O CNPJ poderá ser apresentado durante a tramitação do processo, que deverá ser julgado até 1º.7.2022. No caso de indeferimento do requerimento do registro da federação, os partidos que a compõem somente poderão disputar o pleito individualmente.

A Lei nº 14.208/2021 não incluiu restrição específica, na Lei nº 9.096/95, quanto ao momento de produção dos efeitos decorrentes da formação da federação, no tocante à aferição da cláusula de desempenho do §3º do art. 17 da Constituição (com a redação da Emenda Constitucional nº 97/2017).[19] Mas, o art. 4º, §3º da Resolução nº 23.670/2021 do TSE estabeleceu que tal aferição somente será verificada no início da próxima legislatura federal, na forma do art. 44 da Carta da República, como forma de resguardar a legitimidade popular da federação, em razão da votação que recebeu nas eleições gerais. Assim, se uma federação for constituída num ano de eleição municipal, os efeitos dessa união, quanto à cláusula de desempenho, somente se darão a partir do início da nova legislatura federal.

O art. 6º, §1º da Resolução nº 23.670/2021 do TSE permite que outros partidos que não participaram da formação original da federação venham a integrá-la em momento posterior. Para tanto, é necessária a observância das regras inerentes à formação da federação, bem como do seu estatuto. Nesse caso, por analogia à Lei nº 9.096/95, o registro da alteração do estatuto e, eventualmente, do programa da federação deverá acontecer tanto no Cartório Civil, quanto no TSE. O deferimento de tal alteração, com a inclusão da nova grei, produz efeitos imediatos para o funcionamento parlamentar.[20] Já para as eleições, a alteração deve ser promovida até 6 (seis) meses antes do pleito a ser disputado.

Como já destacado, o art. 4º, §3º da Resolução nº 23.670/2021 do TSE estabelece que a aferição da cláusula de desempenho incidirá a partir do início da legislatura federal seguinte ao deferimento do registro da

---

[19] Somente terão acesso sem custo à propaganda eleitoral e partidária, em rádio e TV, e ao repasse do fundo partidário, os partidos ou federações partidárias que atingirem o seguinte desempenho: a) em 2022 obtiver, nas eleições para a Câmara dos Deputados, no mínimo, 2% dos votos válidos, distribuídos em pelo menos 1/3 das unidades da Federação, com um mínimo de 1% dos votos válidos em cada uma delas, ou eleger pelo menos 11 deputados federais distribuídos em pelo 1/3 das unidades da Federação; b) em 2026 obtiver, nas eleições para a Câmara dos Deputados, no mínimo, 2,5% dos votos válidos, distribuídos em pelo menos 1/3 das unidades da Federação, com um mínimo de 1,5% dos votos válidos em cada uma delas, ou tiver elegido pelo menos 13 deputados federais distribuídos em pelo 1/3 das unidades da Federação; c) em 2030 obtiver, nas eleições para a Câmara dos Deputados, no mínimo, 3% dos votos válidos, distribuídos em pelo menos 1/3 das unidades da Federação, com um mínimo de 2% dos votos válidos em cada uma delas; ou tiver elegido pelo menos 15 deputados federais distribuídos em pelo menos 1/3 das unidades da Federação.

[20] A exemplo do que ocorre com as alterações estatutárias dos partidos políticos, o Tribunal Superior Eleitoral deve observar o art. 3º da EC nº 111/2021, segundo o qual até que entre em vigor lei que discipline a matéria, nas anotações relativas às alterações dos estatutos, serão objeto de análise apenas os dispositivos objeto de alteração.

federação. No entanto, na hipótese em análise, a federação já se encontra registrada no momento em que a nova agremiação vier a integrá-la. Então, é possível argumentar que tal ingresso produz efeitos imediatos para a referida aferição; ou seja, caso os votos conferidos aos deputados federais ou o número desses deputados do partido ingressante permitam à federação ultrapassar a cláusula barreira, os efeitos para a fruição da propaganda em rádio e TV e para o acesso ao fundo partidário poderiam ocorrer imediatamente. Essa é uma questão polêmica a ser ponderada na colidência entre a tese da ausência de limitação explícita da Lei nº 14.208/2021, quanto ao momento de aferição da cláusula de desempenho, e a argumentação de que a federação somente deve fruir de prerrogativas e direitos decorrentes da votação conferida aos partidos que a compunham no momento das eleições gerais. De toda forma, a referida resolução do TSE indica que somente será possível aferir o desempenho partidário, a que faz referência a EC nº 97/2017, caso o partido ingressante na federação com ela tenha participado das eleições gerais, de maneira que somente fruirão do resultado de tal desempenho na legislatura seguinte.[21]

A agremiação ingressante também deverá observar o prazo mínimo de 4 (quatro) anos de permanência na federação. Por consequência, uma federação constituída com prazo predeterminado de 4 (quatro) anos, caso não altere seu estatuto, inviabilizará a inclusão de novas agremiações, por não ser possível à grei ingressante cumprir o referido prazo.

Por fim, não há qualquer regra jurídica condicionando o tempo de mandato de seus representantes ou o prazo máximo de validade das federações. Por seu turno, não se aplica ao caso o entendimento lançado na Petição nº 100, Brasília/DF, rel. Min. Admar Gonzaga, julgada em 19.2.2019, até porque a Lei nº 13.831/2019, que introduziu o §2º ao art. 3º da Lei nº 9.096/95, estabeleceu que os partidos podem definir livremente a duração do mandato de seus dirigentes.

---

[21] Especificamente quanto à propaganda partidária em rádio e TV, a Resolução nº 23.679/2022 do TSE, em seu art. 2º, §6º dispõe que "Na legislatura seguinte à formação da federação, a aferição da cláusula de desempenho referida no caput deste artigo considerará a soma da votação e da representação dos partidos que integram a federação". O dispositivo não considerou a possibilidade de ingresso de uma nova agremiação em momento posterior à formação da federação. Então, se um partido ingressa na federação na legislatura seguinte à sua formação e contribui para a superação da cláusula de desempenho, seria admissível que os partidos que a integram tenham acesso à citada forma de propaganda.

2.2.2 Limitações estatutárias

A federação deve criar o seu estatuto e programa, desde que observadas as limitações constitucionais e legais e as resoluções do TSE. Tais limitações objetivam estabelecer proteções recíprocas para as instituições do Estado e da sociedade, os demais partidos e federações concorrentes e os partidos que a compõem, consoante se extrai do art. 17 da Constituição e da Lei nº 9.096/95.

Os limites que objetivam proteger as instituições do Estado e da sociedade determinam que a federação deve: (a) respeitar a soberania nacional – estando proibida de receber recursos financeiros de entidade ou governo estrangeiros ou de subordinação a estes; (b) atuar no interesse do regime democrático, na promoção da autenticidade do sistema representativo, na defesa dos direitos fundamentais definidos na Constituição Federal; (c) prestar contas à Justiça Eleitoral.

Os limites necessários à defesa das demais agremiações decorrem do dever de a federação respeitar o pluralismo político, que se manifesta no respeito às diversas concepções morais, religiosas e filosóficas, na preservação do pluripartidarismo e do funcionamento parlamentar de acordo com a lei. Isso significa que tanto no aspecto eleitoral, quanto no político, por mais que a federação forme uma aliança majoritária qualificada, com a capacidade de modificar a própria Constituição, sua atuação não deve se dar de maneira a inviabilizar a existência e o funcionamento de outras vertentes político-ideológicas que a contradigam. É certo que o poder majoritário se manifesta de maneira a fazer valer seu programas doutrinários e estratégias na conquista e manutenção do poder. Este poder inevitável, porém, em termos jurídicos, não pode perverter os fundamentos, objetivos fundamentais e demais cláusulas pétreas da Constituição. A determinação da intensidade da violação à Constituição que a atuação majoritária de uma superfederação partidária pode produzir não pode ser determinada previamente. É nesse ponto que a atuação dos demais poderes, incluindo o poder Judiciário, deve se dar de maneira a evitar o abuso de poder.

A limitação da federação, necessária à defesa da autonomia dos partidos políticos que a compõem, encontra-se no art. 5º da Resolução nº 23.671/2021 do TSE, segundo o qual a federação não deve afetar a identidade e a autonomia dos partidos integrantes, os quais conservarão seu nome, sigla e número próprios, seu quadro de filiados, o direito ao recebimento direto dos repasses do Fundo Partidário, do Fundo

Especial de Financiamento de Campanha e do acesso gratuito à propaganda partidária em rádio e TV, na forma da lei, o dever de prestar contas e a responsabilidade pelos recolhimentos e sanções que lhes sejam imputados por decisão judicial. Em que pese os partidos terem o direito de receber os repasses dos fundos públicos sem qualquer interferência da federação, a federação é por eles mantida. Sendo assim, o estatuto da federação deverá estabelecer formas de obter os recursos dos partidos que a compõem, de maneira razoável e equitativa, isso para que o partido momentaneamente dominante, em termos políticos e eleitorais, não inviabilize a autonomia das demais agremiações.

Autonomia significa a capacidade de autodeterminar-se, ou seja, de estar livre do julgo de um terceiro que influencie, de maneira intensa, seu processo decisório. Portanto, o estatuto da federação não pode estabelecer ônus desproporcionais e excessivos que inviabilizem o funcionamento do partido, a atuação de seus mandatários e filiados, sob pena de violar os citados limites.[22] São abusivas, exemplificativamente, regras estatutárias que impeçam um partido de indicar candidatos para eleições, ou que os prive, ou reduzam abusivamente o seu acesso a recursos públicos. Sob outro viés, a autonomia dos partidos que ingressarão na federação também é limitada, na medida em que um partido não pode portar-se de maneira a renunciar sua autodeterminação, ainda que de maneira velada, em favor da federação. Sendo este o caso, deve-se optar pela incorporação partidária, e não pela federação cuja natureza jurídica é diversa.

Já se apontou que é possível que o estatuto da federação estabeleça sanções patrimoniais e políticas para a agremiação que a abandonar injustificadamente ou dela for excluída, a exemplo de cláusulas penais, multas, indenizações, deveres de abstenção de firmar acordos políticos, de formar bloco, de estabelecer certas relações partidárias, de promover certo tipo de abordagem política, de fazer uso de certos símbolos políticos, entre outras restrições. Em razão do princípio da autonomia, que orienta a atuação dos partidos, também é possível estabelecer

---

[22] Como afirma Edilene Lobo: "O processo-garantia para a tomada de decisões no âmbito da federação deve ser firmemente ancorado nesse ordenamento interno, de modo a permitir o exercício da ampla defesa, do contraditório, sem que se atinjam bens e direitos dos partidos e dos filiados e filiadas fora da constitucionalidade democrática" (LOBO, Edilene, O estatuto e o programa comuns da federação partidária: da deliberação interna corporis à homologação pelo Tribunal Superior Eleitoral. *In*: BARROS, Ezikelly; MALDONADO, Helio. *Federação de partidos* – Coletânea de artigos sobre a aplicação da Lei n. 14.208/2021. Brasília: Abradep – Academia Brasileira de Direito Eleitoral e Político, 2022. v. 1. p. 342).

negócio jurídico processual e cláusula de arbitragem, a fim de resolver de maneira mais consensual e célere as disputas interpartidárias no âmbito da federação.

2.3 Funcionamento da federação nas eleições

O principal objetivo estratégico de um partido político é exercer o poder. A federação partidária é uma forma de viabilizar tal estratégia, a qual se evidencia na disputa eleitoral. Todavia, a federação é composta por partidos com alguns interesses divergentes, senão conflitantes, por mais que detenham alguma afinidade ideológica ou estratégica. Por essa razão, são polêmicos os temas relacionados à escolha dos candidatos da federação, como serão obtidos e utilizados os recursos de campanha e quem fruirá o resultado da votação popular.

2.3.1 Um único partido nas eleições: escolha de candidatos, recursos, propaganda, votos

Uma vez constituída jurídica e politicamente, a federação "atuará como se fosse uma única agremiação partidária" (art. 11-A da Lei nº 9.096/95). Ou seja, perante as instituições, o eleitorado, as demais federações partidárias e partidos políticos, uma federação apresenta-se como uma entidade. Nesta relação com terceiros, na disputa eleitoral, a federação é considerada um agente político único e específico, dotado de vontade e responsabilidade própria. Internamente, ou seja, em relação aos partidos que a compõem, a federação é resultado da vontade colegiada destes mesmos partidos. Da autonomia partidária não decorre a prerrogativa de um partido que compõe a federação de negá-la ou de inviabilizar sua existência e funcionamento. A autonomia significa o poder de determinar-se segundo uma regra imposta por sua própria vontade livre. E um partido que delibera por figurar numa federação está vinculado a essa vontade de integrar uma entidade que, sob seu ponto de vista, possibilitará a realização de seus objetivos estratégicos e programáticos.

Para participar do pleito, a federação deve constituir-se validamente até 6 (seis) meses antes do pleito e ter, na circunscrição deste, ao menos, um órgão de direção, definitivo ou provisório, do partido político que a integra (art. 2º da Resolução nº 23.675/2021 do TSE, que alterou a Resolução nº 23.609/2019). Todos os órgãos partidários dos partidos que compõem a federação devem manter-se validamente anotados junto à Justiça Eleitoral. A não prestação de contas, de qualquer um dos partidos, com a imposição de suspensão do órgão de algum dos partidos, enseja a suspensão da atuação eleitoral da federação. Ou seja, a federação, como um todo,[23] não poderá participar do pleito, caso o partido com anotação suspensa não regularize tal situação a tempo de realizar a convenção para escolhas de candidatos.

2.3.1.1 Escolha de candidatos

Consoante dispõe o art. 6º da Resolução nº 23.671/2021 do TSE, a convenção da federação deverá ocorrer de forma unificada, dela devendo participar todos os partidos políticos que tenham órgão de direção partidária na circunscrição. Ou seja, a escolha de todos os candidatos – das eleições proporcionais e majoritárias – e a realização de eventual coligação para as eleições majoritárias deve ocorrer de maneira colegiada pelos partidos da federação que tem órgãos validamente constituídos na circunscrição do pleito. Nesta escolha, deve-se observar, nesta ordem, a legislação, o estatuto e as regras gerais para a eleição emitidas da federação e o estatuto e as regras gerais para eleição editadas pelos partidos.

As regras estatutárias e a regras gerais para as eleições, estatuídas pela federação, não podem obliterar um partido integrante da federação. No entanto, no âmbito da circunscrição do pleito, os órgãos dos partidos que a compõem podem traçar estratégias, dentro dos limites estatuários, de otimizar o resultado eleitoral, priorizando candidatos mais competitivos. Ou seja, em vista de alcançar um resultado eleitoral vantajoso para todos, é possível modular a regra de proporcionalidade, que ensejaria uma divisão estritamente paritária do número de candidatos indicados por partido.

Na hipótese de a federação não contar com órgãos partidários de todas as agremiações que a compõem numa circunscrição, o art. 10, §1º-A da Resolução nº 23.609/2019 do TSE estabelece que "poderá ser lançada como candidata pela federação a pessoa que estiver filiada, no

---

[23] Deve-se ter em conta que tal limitação se refere a cada nível (municipal, estadual e federal) da federação, não havendo transcendência de responsabilidades entre os mencionados níveis.

prazo indicado no caput deste artigo, a qualquer dos partidos políticos que a integram".[24]

Tal redação pode ensejar a interpretação de que uma federação ("ABC"), composta pelos partidos "A", "B" e "C", que em determinado município tenha apenas o partido "A", poderia escolher como candidatos pessoas filiadas aos partidos "A", "B" e "C".

Esta interpretação da redação da resolução do TSE apresenta alguns desafios teóricos e práticos. No caso do exemplo, os filiados ao partido "B" e "C" não têm órgão de representação validamente constituído na circunscrição do pleito, inexistindo quem os possa escolhê-los em nível local como candidatos. Assim, a escolha de todos os candidatos da federação será feita pelo partido "A" do local do pleito? Ou os partidos "B" e "C" indicarão seus candidatos a partir do seu diretório estadual para a referida eleição municipal? E mesmo que ocorra essa indicação dos partidos "B" e "C", quem terá a última palavra na definição dos candidatos? Note-se: em razão da autonomia partidária, não pode o partido "A" escolher para sua lista de candidatos, integrantes do partido "B" ou "C", porque estaria atuando em detrimento de seus filiados, ademais somente os partidos "B" e "C" podem indicar seus filiados. Até se pode cogitar sobre a possibilidade de um órgão superior (estadual ou federal) dos partidos "B" e "C" indicar candidatos, entre os seu filiados, para figurar na lista da federação ABC. Nessa hipótese, porém, estar-se-ia a violar o pacto federativo e o respeito à democracia local das instâncias partidárias.

As agremiações de nível superior até podem apresentar regras gerais para a disputa eleitoral até 180 (cento e oitenta) dias antes do pleito (art. 7º, §1º da Lei nº 9.504/97), mas, tal prerrogativa não lhes confere o poder de substituir a deliberação dos órgãos partidários locais e regionais. Nem mesmo uma disposição estatutária da federação supre a necessidade da existência de órgão partidário na circunscrição do pleito porque tal prática caracteriza burla ao dever dos órgãos

---

[24] Essa foi a solução encontrada por alguns TREs que já realizaram eleições municipais com federação: "2. Nos estados, no Distrito Federal e nos municípios, o funcionamento da federação não dependerá de constituição de órgãos próprios, bastando que exista, na localidade, órgão partidário de algum dos partidos que a compõem" (TRE-GO, RE nº 060000607, Iaciara/GO. Rel. Des. Juliano Taveira Bernardes, j. 27.2.2023, public. 27.2.2023); "Há de se mitigar a inadmissão de ata partidária de federação, subscrita por representante de um único partido participante, quando inexistente na circunscrição órgão específico da federação ou das outras agremiações partidárias que a compõem" (TRE-PB, Recurso Eleitoral (11548) - 0600053-10.2023.6.15.0030, Mãe d'Água/Paraíba. Rel. Agamenilde Dias Arruda Vieira Dantas, j. 6.11.2023).

partidários de prestarem contas à justiça eleitoral. Se o nível nacional do partido "B" pudesse escolher os candidatos "B" em nível municipal, o órgão municipal de "B" com contas não prestadas nada precisaria fazer, permanecendo inerte perante a Justiça Eleitoral, já que o partido, em nível nacional, escolheria seus candidatos.

A interpretação que aparenta ser menos polêmica é de que somente os filiados ao partido integrante da federação, que tenha diretório ou comissão provisória anotada na circunscrição do pleito, poderá lançar seus candidatos em nome da federação. No entanto, deve-se registrar o oportuno entendimento do TRE-BA, em resposta à Consulta nº 11551, Autos nº 0600084-65.2024.6.05.0000,[25] que admitiu que a federação municipal pode escolher seus candidatos entre todos os filiados aos partidos que a compõem, ainda que o escolhido esteja vinculado à grei que não tem órgão constituído na circunscrição no pleito:

> Consulta. Filiado de partido integrante de federação sem diretório municipal. Possibilidade de disputa ao cargo como candidato da federação. Resposta afirmativa. Filiado a partido político sem diretório ou comissão provisória na circunscrição eleitoral pode disputar a eleição como candidato da federação regular. Arts. 2º, II, 3º, §2º, e 10, §1º-A, da Res. TSE n. 23.609/2019 c/c art. 9º da Res. TSE n. 23.670/2021. Legitimidade da convenção partidária da federação para escolher, como candidato, filiado de partido inexistente no município. Possibilidade. Art. 11-A, §7º da Lei n. 9096/95 c/c art. 3º, §3º da Res. TSE n. 23.609/19. Resposta afirmativa.

Por cautela, na hipótese de nem todos os partidos da federação estarem constituídos na circunscrição do pleito, é conveniente que o órgão superior da federação os chancele como legítimos representantes da federação. Embora não exista obrigação jurídica de se promover tal acautelamento, ao menos tal providência evitará o questionamento acerca da atuação isolada dos partidos federados, o que poderia ensejar o indeferimento do DRAP, já que não se admite que os partidos federados, isoladamente, enviem o DRAP à Justiça Eleitoral.

A convenção pode ser realizada por meio virtual ou híbrido, independentemente de previsão no estatuto ou nas diretrizes publicadas pelo partido ou federação, podendo ser utilizadas as ferramentas

---

[25] TRE-BA. Consulta nº 11551. Autos nº 0600084-65.2024.6.05.0000. Rel. Juiz Pedro Rogerio Castro Godinho, j. 20.5.2024.

tecnológicas que entenderem mais adequadas à prática do ato, desde que atendam aos critérios de transparência e segurança exigidos pela legislação eleitoral.[26]

Consoante dispõe o art. 7º da Resolução nº 23.609/2019 do TSE, a ata da convenção da federação deverá conter local, data e hora, identificação e qualificação de quem a presidiu, deliberação para quais cargos os filiados concorrerão, no caso de coligação majoritária, seu nome, se já definido, e o nome dos partidos e das federações que a compõem, dados da(o) representante da coligação e da(o) representante da federação, a(o) qual atuará em seu nome nos feitos relativos à eleição proporcional e, em caso de concorrer isoladamente, à eleição majoritária, relação dos candidatos escolhidos em convenção, com a indicação do cargo para o qual concorrem, o número atribuído (que é o do partido ao qual o candidato está filiado), o nome completo, o nome para urna, a inscrição eleitoral, o CPF e o gênero. É vedada a apresentação de ata em nome isolado de partido político que compõe a federação, de maneira que a tentativa de apresentação de DRAP em nome de partido político integrante de federação será indeferida de plano, não caracterizando a dissidência sujeita a exame judicial (art. 30 da Resolução nº 23.609/2019 do TSE). Por seu turno, sendo recebidos mais de um pedido em nome da federação, a discussão será resolvida de maneira similar ao da dissidência partidária, cabendo ao juízo definir qual registro deve prevalecer.

Quanto à escolha de candidatos para as eleições majoritárias (candidatos ao executivo e ao Senado), as federações podem coligar-se, livremente, com outros partidos ou federações, não havendo obrigatoriedade de vinculação entre candidatos em nível nacional, estadual, distrital ou municipal (art. 17, §1º da Constituição).

---

[26] É necessário atentar-se para a forma de obter a chave para o partido da federação que realizará os registros da convenção perante a Justiça Eleitoral. O art. 6º da Resolução nº 23.609/2019 com a redação da Resolução nº 23.729/2024, estabeleceu o seguinte: "§6º-A Para a federação, a chave de acesso será emitida em nome desta e poderá ser obtida, no SGIP: I - por partido(s) político(s) definido(s) pelo diretório nacional da federação, mediante comunicação em formulário disponibilizado pela Justiça Eleitoral, a ser remetida ao Tribunal Superior Eleitoral, impreterivelmente, até 30 (trinta) dias antes do início do período legal de convenções partidárias para que seja inibida a concessão da chave aos demais partidos federados; ou, II - na ausência da comunicação mencionada no inciso I deste parágrafo, por qualquer dos partidos federados, aos quais caberá, em cada instância eleitoral, deliberar sobre seu uso para a prática de atos em nome da federação. [...] §6º-B [...]] IV - recusa de órgão municipal, estadual ou nacional em fornecer a chave de acesso, nos casos de divergência interna quanto à definição de pessoas legitimadas a realizar convenção partidária e a registrar candidaturas em nome da agremiação ou da federação".

Cada federação – coligada ou não – poderá requerer o registro de 1 (um) candidato a presidente da República com seu respectivo vice, 1 (um) candidato a governador, com seu respectivo vice, em cada estado e no Distrito Federal, 1 (um) candidato ao Senado Federal em cada unidade da Federação, com 2 (dois) suplentes, quando a renovação for de um terço, ou 2 (dois) candidatos, com 2 (dois) suplentes cada um, quando a renovação for de dois terços, 1 (um) candidato a prefeito com seu respectivo vice.

Embora não seja obrigatório no caso da eleição majoritária, o estatuto da federação pode dispor sobre critérios para essas escolhas, bem como seus órgãos de nível superior podem editar regras até 180 (cento e oitenta) dias antes do pleito para nortear a atuação de suas instâncias inferiores.

Quanto às eleições proporcionais, o estatuto da federação deve, obrigatoriamente, conter as regras para a composição de suas listas, as quais vincularão a escolha de seus candidatos em todos os níveis. Tais regras deverão contemplar a possibilidade de a federação não ter partidos com órgãos anotados perante a Justiça Eleitoral em todas as circunscrições. Cada federação poderá registrar candidaturas para a Câmara dos Deputados, a Câmara Legislativa, as Assembleias Legislativas e as Câmaras Municipais no total de até 100% (cem por cento) do número de lugares a preencher mais 1 (um), observando-se as regras de complementação da chapa e substituição de candidatos estatuídas na Resolução nº 23.609/219 do TSE. Assim, se estão em disputa 30 (trinta) cadeiras para deputado federal em determinado estado, a federação poderá lançar, no máximo, 31 (trinta e um) candidatos.

O percentual mínimo de candidaturas por gênero[27] deverá ser atendido tanto globalmente, na lista da federação, quanto por cada partido, nas indicações que fizer para compor a lista (art. 12, parágrafo único, I da Resolução nº 23.671/2021 do TSE). Devem-se respeitar as regras de arredondamento e de proporção de candidaturas de cada gênero, sendo reservadas ao menos 30% delas para o gênero numericamente minoritário, considerando o número total de candidaturas lançadas pela federação (art. 17 da Resolução nº 23.609/2019 do TSE).

Caso a deliberação da convenção de nível inferior sobre coligações contrarie as diretrizes legitimamente estabelecidas pelo órgão de

---

[27] Será considerado o gênero declarado no registro de candidatura, ainda que dissonante do cadastro eleitoral (art. 17, §5º da Resolução nº 23.609/2019 do TSE).

direção nacional da federação, este poderá anular tal deliberação e os atos dela decorrentes, assegurados o contraditório e a ampla defesa (art. 8º da Resolução nº 23.609/2019 do TSE). Tal deliberação deverá ser comunicada à Justiça Eleitoral até 30 dias após a data limite para o registro de candidaturas. Se da anulação decorrer a necessidade de escolha de novos candidatos, o pedido de registro deverá ser apresentado à Justiça Eleitoral nos 10 (dez) dias subsequentes à anulação.

Em qualquer dessas hipóteses, a esfera federativa do partido que tiver anulada sua deliberação poderá valer-se das prerrogativas anteriormente indicadas. Já a discussão judicial concernente à invalidação do ato da autoridade federativa de nível superior, em regra, deverá ocorrer na Justiça comum, ressalvada a competência da Justiça Eleitoral para dirimir questões que impactem diretamente no processo eleitoral.

O pedido de registro de candidatura poderá ser subscrito, alternativamente, pela(o) presidente do órgão de direção nacional, e, se houver, estadual ou municipal, pelas(os) presidentes dos partidos políticos que integram a federação, por seus delegados ou delegadas, pela maioria dos membros dos respectivos órgãos executivos de direção, por representante da federação designada (art. 21, III da Resolução nº 23.609/2019 do TSE).

Para as demais questões judicial-eleitorais, o partido político ou a federação que formar coligação majoritária somente possui legitimidade para atuar de forma isolada no processo eleitoral quando questionar a validade da própria coligação, durante o período compreendido entre a data da convenção e o termo final do prazo para a impugnação do registro de candidatura, o que não exclui a legitimidade da federação para impugnar candidaturas, propor ações e requerer medidas administrativas relativas à eleição proporcional.

2.3.1.2 Acesso a recursos financeiros públicos

Quanto ao acesso ao fundo partidário, os partidos federados valer-se-ão do somatório dos votos e do número de representantes eleitos de todos as siglas que compõem a federação para aferição do cumprimento da cláusula de desempenho instituída pela EC nº 97/2017. Ou seja, para esse fim, a federação será considerada um único partido. No entanto, a forma de distribuição dos recursos públicos, tanto do fundo partidário, quanto do FEFC e da propaganda partidária, seguirá as proporções estabelecidas em lei, levando em conta a representatividade de cada partido.[28]

Em razão da redação do §6º do art. 17 da Constituição, que estabelece que não será "computada, em qualquer caso, a migração de partido para fins de distribuição de recursos do fundo partidário ou de outros fundos públicos e de acesso gratuito ao rádio e à televisão", mesmo que a migração do parlamentar ocorra entre partidos de uma mesma federação, não haverá transferência de recursos de uma agremiação para outra. Ou seja, a agremiação pela qual o parlamentar foi eleito continuará a receber os recursos como se a migração não tivesse ocorrido. Do mesmo modo, quanto à propaganda partidária, o fato de um mandatário de um partido integrante de federação licenciar-se do cargo eletivo, para assumir um suplente de partido diverso, tal alteração não modifica o cálculo do tempo de propaganda a que o partido do mandatário faz jus (art. 2º, §7º da Resolução nº 23.679/2022).

No entanto, a cada desligamento injustificado de um partido, que aconteça depois de a federação ter participado de uma eleição geral, ocorrerá a alteração na distribuição do fundo partidário e do tempo de propaganda eleitoral, no rádio e TV, a exemplo do que ocorre com a incorporação de partidos, a partir do deferimento pelo TSE de tal desligamento,[29] por interpretação do art. 7º, da Resolução nº 23.670/2021 do TSE. Quanto aos efeitos do ingresso de uma nova sigla na federação, remete-se à análise realizada no tópico sobre a alteração do estatuto da federação.

Os recursos públicos continuarão sendo entregues direta e individualmente a cada partido político que integra a federação, uma vez que se constituem em uma das formas de se preservar a autonomia

---

[28] A Emenda Constitucional nº 111/2021, no intuito de ampliar o número de candidaturas de mulheres e de negras(os) para a Câmara Federal, estabeleceu-se que os votos a eles conferidos, para as eleições realizadas de 2022 a 2030, serão considerados em dobro.

[29] Na resposta à Consulta nº 0601870-95 do TSE, j. 30.05.2019, o Min. Jorge Mussi "afirmou que a soma dos votos da agremiação incorporada e da incorporadora é consequência do fenômeno jurídico da incorporação, independentemente de os partidos envolvidos atingirem ou não a cláusula de barreira, uma vez que essa exigência não está prevista no art. 29, §7º, da Lei nº 9.096/1995. Acrescentou que o referido dispositivo, com a redação conferida pela Lei nº 13.107/2015, prevê a somatória dos votos das legendas incorporada e incorporadora para fins do Fundo Partidário e do direito de antena. Ressaltou que, embora o preceito normativo seja silente quanto ao FEFC, os votos da agremiação incorporada também devem ser somados para efeito de partilha desse Fundo, pois a cláusula de barreira não impede o acesso de partidos a esse recurso. Ao final, concluiu pela necessidade de se dispensar tratamento equânime aos institutos jurídicos". Tal entendimento aplica-se, por analogia, à federação partidária.

partidária, além de a Constituição fazer menção expressa à destinação de tais recursos aos partidos políticos (art. 17, *caput* e §3º da Constituição Federal). No caso do FEFC, os recursos devem ser distribuídos aos diretórios nacionais na proporção do direito de cada um dos partidos que integram a federação, consoante os critérios previstos no art. 5º da referida Resolução nº 23.605/2021 do TSE.[30]

Quanto aos gastos do período eleitoral, é possível aos partidos utilizarem dos seus recursos do fundo partidário e do FEFC – Fundo Especial de Financiamento de Campanha para manterem a federação, no que toca às questões relacionadas, diretamente, ao pleito. É igualmente possível utilizar o fundo partidário na manutenção e no funcionamento ordinário da federação, desde que não integrem parcela cuja aplicação é vinculada por lei, a exemplo dos recursos destinados à divulgação da participação feminina na política. Não existe vedação expressa a que a federação também possa ser mantida por outros recursos originários da doação de pessoas físicas ou de contribuição dos filiados aos partidos que a compõem. Todavia, extrai-se das resoluções do TSE que a arrecadação de recursos deve se dar diretamente pelos partidos, sendo estes os responsáveis pela prestação de contas desses recursos que serão destinados à federação. Porque a federação não tem, diretamente, obrigação de prestar contas à Justiça Eleitoral, não pode, igualmente, arrecadar e realizar gastos diretamente.

2.3.1.3 Acesso gratuito à propaganda em rádio e TV e as demais formas de propaganda eleitoral

No tocante ao acesso gratuito à propaganda em rádio e TV pela federação partidária, a Resolução nº 23.671/2021 do TSE introduziu modificações à sua Resolução nº 23.610/2019, dispondo que a federação atuará como se partido fosse, de maneira que as regras gerais relacionadas à propaganda eleitoral a ela se aplicam. Destaque-se que

---

[30] "Art. 5º Os recursos do FEFC devem ser distribuídos, em parcela única, aos diretórios nacionais dos partidos políticos, observados os seguintes critérios (Lei nº 9.504/1997, art. 16-D): I - 2% (dois por cento), divididos igualitariamente entre todos os partidos com estatutos registrados no TSE; II - 35% (trinta e cinco por cento), divididos entre os partidos que tenham pelo menos um representante na Câmara dos Deputados, na proporção do percentual de votos por eles obtidos na última eleição geral para a Câmara dos Deputados; III - 48% (quarenta e oito por cento), divididos entre os partidos, na proporção do número de representantes na Câmara dos Deputados, consideradas as legendas dos titulares; e IV - 15% (quinze por cento), divididos entre os partidos, na proporção do número de representantes no Senado Federal, consideradas as legendas dos titulares".

a propaganda partidária, reinstituída pela Lei nº 14.291/2022, contém regras próprias sobre a matéria. A Lei nº 14.208/2021, que instituiu a federação, indica que ela apenas atua como um único partido quanto à propaganda eleitoral, nada tratando sobre a propaganda partidária, até porque, na época, a propaganda partidária havia sido revogada pela Lei nº 13.487/2017. A lei posterior (nº 14.291/2022) não faz referência à federação partidária, apenas trazendo regras específicas para o desempenho individual do partido – integrante ou não de federação – quanto às condições[31] para ter acesso à propaganda partidária em rádio e TV. A Resolução nº 23.679/2022, que regulamenta a Lei nº 14.291/2022, cita a federação para a ele conferir a legitimidade ativa para promover representação por propaganda partidária irregular e para realçar, em seu art. 2º, §6º, que "a aferição da cláusula de desempenho [...] considerará a soma da votação e da representação dos partidos que integram a federação". Portanto, o modelo jurídico da federação partidária não retira prerrogativa e a responsabilidade de cada um dos partidos políticos elaborar e organizar a veiculação da referida propaganda, o que decorre do princípio da identidade e da autonomia, consoante reforçado pelo art. 34, III da Resolução nº 23.679/2022 do TSE. Ou seja, cada partido, individualmente, é o responsável por requerer a realização da propaganda, bem como por participar de eventuais disputas judiciais envolvendo o eventual ilícito decorrente da veiculação da citada modalidade de propaganda.

Quanto à verificação do tempo total da propaganda eleitoral em rádio e TV, ou seja, aquela que ocorre durante o pleito e tem por objetivo captar o voto do eleitor, a exemplo do que ocorre com os recursos públicos, levar-se-á em consideração a federação como um todo. A aferição do número de parlamentares considerados para a contabilização desse tempo será realizada até o dia 20 de julho do ano da eleição,

---

[31] "Art. 50-B [...] §1º Os partidos políticos que tenham cumprido as condições estabelecidas no §3º do art. 17 da Constituição Federal terão assegurado o direito de acesso gratuito ao rádio e à televisão, na proporção de sua bancada eleita em cada eleição geral, nos seguintes termos: I - o partido que tenha eleito acima de 20 (vinte) Deputados Federais terá assegurado o direito à utilização do tempo total de 20 (vinte) minutos por semestre para inserções de 30 (trinta) segundos nas redes nacionais, e de igual tempo nas emissoras estaduais; II - o partido que tenha eleito entre 10 (dez) e 20 (vinte) Deputados Federais terá assegurado o direito à utilização do tempo total de 10 (dez) minutos por semestre para inserções de 30 (trinta) segundos nas redes nacionais, e de igual tempo nas emissoras estaduais; III - o partido que tenha eleito até 9 (nove) Deputados Federais terá assegurado o direito à utilização do tempo total de 5 (cinco) minutos por semestre para inserções de 30 (trinta) segundos nas redes nacionais, e de igual tempo nas redes estaduais".

levando em conta novas totalizações do resultado das últimas eleições[32] para a Câmara dos Deputados e desconsiderando-se qualquer mudança de filiação partidária. O §6º do art. 17 da Constituição estabelece que, em caso de migração partidária, o parlamentar não levará para a nova agremiação o tempo de rádio e TV. Assim, tenha a migração ocorrido entre partidos da mesma federação ou entre partidos que não a integram, tal ato não deverá produzir efeitos quanto à aferição do tempo total de acesso ao rádio e à TV, já que o partido do qual migrou o parlamentar continua detentor da proporção de tempo que conquistou na última eleição geral.

O tempo de propaganda eleitoral no rádio e na TV, para os partidos não federados e para as federações que suplantaram a cláusula de desempenho, é distribuído na proporção igualitária de 10% entre todos eles, e 90% proporcionalmente ao número de representantes na Câmara dos Deputados, considerando-se, no caso de coligações para as eleições majoritárias, o resultado da soma do número de representantes dos 6 (seis) maiores partidos políticos/federações que as integrem.

Assim, se no pleito proporcional estão na disputa 3 (três) partidos não federados e 1 (uma) federação que congloba 5 (cinco) greis, a divisão igualitária dos 10% se dará entre 4 (quatro) entidades federativas, ou seja, os 3 (três) partidos não federados e a única federação que participa da eleição. Quanto à distribuição dos 90%, esta se dará na proporção do número de representantes de cada partido, sendo que a federação somará o número total dos representantes na Câmara dos Deputados de todos os partidos que a compõe.

Por seu turno, no pleito majoritário, a federação é considerada como um único partido que compõe a coligação. Se 7 (sete) entidades partidárias se unem numa coligação majoritária, sendo 5 (cinco) partidos não federados, e 2 (duas) federações, se 1 (um) dos partidos não federado é a menor agremiação entre os demais partidos e federações, a distribuição dos 90% do tempo de propaganda eleitoral levará em consideração o número de representantes das 6 (seis) maiores entidades partidárias; no exemplo, o critério para distribuição dos 90% do tempo de propaganda eleitoral para a eleição majoritária levará em conta o número de deputados federais dos 4 (quatro) partidos não federados

---

[32] Tal (re)totalização do resultado das eleições refere-se às hipóteses de cassação do registro de candidatura ou do diploma por decisão da Justiça Eleitoral.

e da soma de todos deputados federais dos partidos que compõem as 2 (duas) federações.

Na distribuição desse tempo de propaganda em rádio e TV, deve a federação promover a destinação proporcional para candidatas mulheres e negras(os), na forma do art. 77 da Resolução nº 23.610/2019 do TSE. Para as demais candidaturas, a distribuição será realizada a critério da federação, a qual é responsável pela organização, produção e viabilização da veiculação da sua propaganda nos referidos meios de comunicação. Ou seja, a exemplo do que ocorre com as coligações, não cabe a cada partido federado, individualmente, providenciar a referida forma de propaganda.

O acesso à propaganda em rádio e TV será conferido à federação e não aos partidos que a compõem, de maneira individualizada. No entanto, não há vedação a que os partidos que a compõem realizem propaganda eleitoral na internet, através de seus sítios eletrônicos, reproduzindo o material da federação, ou, mesmo pedindo votos para os seus candidatos, desde que as regras relativas à propaganda eleitoral sejam observadas, a exemplo de nela constar o nome de todos os partidos que a integram. Ainda exemplificativamente, caso a federação não tenha endereços cadastrados gratuitamente para o envio de mensagens eletrônicas, poderá o partido que os detém encaminhar propaganda eleitoral dos candidatos a ele filiados aos eleitores destinatários.

Quanto à propaganda eleitoral, deve-se observar que no material de campanha deverá constar o nome da federação e o nome de todos os partidos que a integram. Caso a federação figure numa coligação, a federação e a coligação usarão, obrigatoriamente, sob a sua denominação, as legendas de todos os partidos políticos que as integram, nos termos do art. 6º, §2º, da Lei nº 9.504/1997 (conforme art. 11 da Resolução nº 23.610/2019 do TSE).[33]

Na propaganda na internet, a federação deverá adotar as mesmas cautelas que os partidos políticos. Exemplificativamente, deverá manter

---

[33] "2. Na propaganda para eleição majoritária, a coligação ou federação usará, obrigatoriamente, sob sua denominação, as legendas de todos os partidos que a integram, conforme disposto no art. 6º, §2º, da Lei nº 9.504/97, não havendo previsão legal de penalidade para o caso de descumprimento. 3. Nos termos do §4º do art. 36 da Lei nº 9.504/1997, na propaganda dos candidatos ao cargo majoritário deverão constar, também, os nomes dos candidatos a vice e suplentes de senador, de modo claro e legível, em tamanho não inferior a 30% (trinta por cento) do nome do titular, atraindo a aplicação da multa prevista no §3º do mesmo dispositivo. 4. Recursos conhecidos e não providos" (TRE-PR. Representação nº 060218103, Acórdão. Des. Melissa de Azevedo Olivas. PSESS – Publicado em Sessão, 27.9.2022).

sítio eletrônico registrado no país e comunicado à Justiça Eleitoral, perfil em provedores de aplicação de internet que permitam o impulsionamento com a identificação do seu CNPJ e da expressão "Propaganda Eleitoral"; garantir que as mensagens eletrônicas e as mensagens instantâneas ofereçam sua identificação completa, bem como dispor de mecanismo que permita à pessoa destinatária a solicitação de descadastramento e eliminação dos seus dados pessoais; disponibilizar informações sobre o tratamento de dados a que se refere o art. 9º da Lei nº 13.709/2018, bem como um canal de comunicação que permita obter a confirmação da existência de tratamento de dados, de formulação de pedidos de eliminação de dados ou descadastramento, nos termos do art. 18 da Lei nº 13.709/2018.

A federação poderá instalar comitês de campanha, inscrevendo sua designação em tamanho não superior a 4m², o qual deve ser comunicado à Justiça Eleitoral no DRAP.

Quanto aos debates, é obrigatória a convocação de candidato da federação, se o somatório dos parlamentares no Congresso Nacional de todos os partidos que a integram for de, ao menos, 5 (cinco). Para aprovação das regras do debate por 2/3 (dois terços) daqueles que disputam o pleito, a federação também será considerada como um único partido. Assim, se 2 (dois) partidos não federados e 1 (uma) federação com 5 (cinco) partidos disputam a eleição, o cálculo desses 2/3 (dois terços) será feito levando em conta a existência de 3 (três) entidades partidárias, já que as 5 (cinco) greis que compõem a federação são consideradas apenas 1 (uma) entidade (a federação).

2.3.1.4 Votos

Os votos obtidos pelos partidos que integram a federação são compartilhados no âmbito da própria federação,[34] de maneira que nas eleições proporcionais, a exemplo do que ocorria com as coligações, os

---

[34] Pertinente recordar que afirmou o Ministro Luís Roberto Barroso, ao deferir, monocraticamente, a medida cautelar na Ação Direta de Inconstitucionalidade nº 7.021: "as federações não implicam transferência ilegítima de voto entre partidos com visões ideológicas diversas e, portanto, não geram os impactos negativos sobre o sistema representativo que resultavam das antigas coligações proporcionais", justamente porque seu surgimento possui os seguintes requisitos: "(i) uma união estável, ainda que transitória, com durabilidade de no mínimo 4 (quatro) anos (art. 11-A, §3º, II); (ii) requer afinidade programática, que permita a formulação de estatuto e de um programa comuns à federação (art. 11-A, §6º, II), e (iii) vincula o funcionamento parlamentar posterior às eleições (art. 11-A, §1º)" (BRASIL. Supremo Tribunal Federal. *ADI nº 7.021*. Rel. Min. Luis Roberto Barroso, decisão de 28.2.2021).

votos conferidos a um candidato podem ser transferidos para outro, a depender do cálculo do coeficiente eleitoral. Nesse sentido, na aferição do coeficiente partidário, a federação será considerada como se fosse um único partido, e os seus candidatos mais votados serão os eleitos, a depender do número de cadeiras conquistadas e de seus candidatos terem obtido votos correspondentes a, no mínimo, 10% do quociente eleitoral (art. 108 da Lei nº 4.737/65).

A federação também será considerada como um único partido, a fim de aferir o percentual mínimo de 80% do quociente eleitoral para participar da distribuição das sobras, hipótese em que seus candidatos deverão ter recebido votos equivalentes a, ao menos, 20% do referido quociente, para participar dessa distribuição (art. 109 da Lei nº 4.737/65).[35] Exemplificativamente, se uma federação composta pelos partidos "A", "B", "C" e "D" conquistar 3 (três) vagas no parlamento, serão os candidatos mais votados da federação que as ocuparão. Este mesmo raciocínio aplica-se para a definição da suplência para os casos de sucessão ou substituição que não derive de cassação por infidelidade partidária.

Partido/candidato	Votos	Status
A1	550	Eleito 1
A2	250	Suplente 3
B1	350	Suplente 1
B2	320	Suplente 2
C1	400	Eleito 3
D1	440	Eleito 2
D2	120	Suplente 4

O art. 29 da Resolução nº 23.677/2021 do TSE dispõe que, havendo alteração na situação jurídica da(o) candidata(o) da federação que

---

[35] A Resolução nº 23.734/2024, que alterou o Resolução nº 23.677/2021 do TSE, consolidou o entendimento do STF no sentido de que as sobras serão distribuídas seguindo dois critérios. O primeiro exige o cumprimento dos percentuais mencionados anteriormente, e "quando não houver mais partidos políticos ou federações que tenham alcançado votação de 80% do quociente eleitoral e que tenham em suas listas candidatas ou candidatos com votação mínima de 20% desse quociente, todos os partidos políticos, federações, candidatas e candidatos participarão da distribuição das cadeiras remanescentes, aplicando-se o critério das maiores médias (Código Eleitoral, art. 109, III)", conforme firmado na Ação Direta de Inconstitucionalidade nº 7.228.

acarrete alteração do resultado do pleito, será realizada, obrigatoriamente, nova totalização de votos, observando-se as regras anteriormente indicadas.

As alterações a que faz referência a resolução dizem respeito às hipóteses em que ocorre a alteração no quociente partidário e eleitoral em razão da cassação de chapa ou de candidatura, ensejando a anulação, por decisão judicial, dos votos obtidos pelos disputantes do pleito. O referido artigo não se aplica para o caso em que um partido abandona a federação ou no caso de desfazimento da federação. Ou seja, não haverá nova totalização de votos, nesses casos, durante a legislatura. Tal alteração afetará apenas a aferição do cumprimento da cláusula de desempenho, entre outros aspectos que serão discutidos adiante.

2.3.2 Prestações de contas e obrigações civis e eleitorais

Todos os partidos políticos com órgãos ativos, em quaisquer dos níveis da Federação, devem prestar suas contas anuais e eleitorais ao Juízo Eleitoral competente. A prestação de contas envolve a arrecadação de recursos públicos e particulares, bem como os gastos realizados em prol das atividades das agremiações.

O art. 11-A da Lei nº 9.096/95 e o art. 6º-A da Lei nº 9.504/97 estabelecem que se aplicam à federação as normas que regem a arrecadação e a aplicação de recursos em campanhas eleitorais, bem como as relativas à prestação de contas de tais recursos.

A federação desempenhará atividades tanto no período eleitoral, quanto durante a legislatura. Tais atos não são passíveis de prestação de contas pela própria federação, mas, sim, pelos partidos que a compõem. Nesse ponto específico, a federação aproxima-se da figura da coligação, na medida em que a arrecadação de recursos se dá pelos candidatos e pelos partidos, não pela coligação ou pela federação. É o que dispõe o art. 2º da Resolução nº 23.607/2019 do TSE, que não foi modificado pelas resoluções do ano de 2021, e que estabelece que são os partidos políticos e os candidatos que poderão arrecadar recursos para custear as despesas de campanhas destinadas às eleições.

Isso não significa que a federação não receberá recursos. Na verdade, a federação não pode arrecadar recursos, diretamente de doadores, já que tal prerrogativa é dos candidatos e dos partidos. A federação recebe recursos, apenas, dos partidos que a compõem e das coligações que integra.

Por essa razão, o art. 10 da Resolução nº 23.670/2021 do TSE estabelece que a manutenção e o funcionamento da federação serão custeados pelos partidos políticos que a compõem, cabendo ao estatuto dispor a respeito. Já o §1º do referido dispositivo permite aos partidos realizarem gastos em prol da federação com recursos do fundo partidário na manutenção e no funcionamento da federação, desde que estes recursos não integrem parcela cuja aplicação é vinculada por lei. Por conseguinte, o art. 10, §2º da Resolução nº 23.670/2021 do TSE prevê que a prestação de contas da federação corresponderá àquela apresentada à Justiça Eleitoral pelos partidos que a integram e em todos os níveis de direção partidária. Ou seja, será cada partido, em cada nível, que discriminará os recursos utilizados em prol da federação partidária. Não cabe à federação prestar as contas anuais ou eleitorais relativas aos recursos que recebeu de partidos.

Embora, a federação seja um ente próprio, que se distingue dos partidos que a compõem, não há a constituição de um patrimônio próprio, como se ela fosse um partido, que incorporou as agremiações que a integram. A federação, através de seu estatuto, tem a prerrogativa de exigir o aporte de recursos dos partidos para viabilizar o seu funcionamento. No entanto, a arrecadação desses recursos e os gastos realizados em prol da atividade da federação são de responsabilidade de cada partido que realizou a arrecadação ou o gasto relativo à atividade federativa. A federação, nesse caso, atuará como gestora dos recursos dos partidos, no que diz respeito às suas atividades precípuas, ou seja, aquelas inerentes à articulação da atuação dos partidos nas eleições e na legislatura.

Não cabe à federação, por exemplo, contratar cabos eleitorais para determinado candidato. Cada partido e cada candidato promoverá tal contratação e prestará contas dos recursos arrecadados para custear tais serviços em suas prestações de contas. Em função disso é que a aferição da regularidade dos gastos do fundo partidário quanto aos percentuais mínimos para o incentivo da participação da mulher na política e a verificação da correta distribuição do FEFC quanto à cota de gênero e racial aplica-se a cada partido,[36] individualmente

---

[36] Cabe a cada partido decidir de maneira autônoma sobre a distribuição dos recursos aos seus candidatos. Quanto ao FEFC, no entanto, cada partido deve respeitar a decisão na ADI nº 5.617/DF e ADPF-MC nº 738/DF do STF, bem como da Consulta nº 0600252-18 e Consulta nº 0600306-47 do TSE, cujo detalhamento encontra-se no art. 17, §4º da Resolução

considerado, não havendo responsabilidade solidária entre eles, quanto a eventuais irregularidades no cumprimento dessas regras.

No entanto, cabe aos representantes da federação estabelecer a articulação entre os partidos durante a eleição e a legislatura. Tais atividades são típicas da federação, porque transcendem o interesse direto do partido, dos candidatos ou dos mandatários. Mas, mesmo quanto ao emprego desses recursos que dizem respeito às atividades típicas da federação, o art. 10, §3º da Resolução nº 23.670/2021 do TSE estabelece que a regularidade dos gastos em prol da federação será verificada na respectiva prestação de contas do partido político que realizou o gasto. Assim, se para exercer suas funções típicas a federação demande algum tipo de serviço, indicará, a partir do estatuto ou de suas deliberações intrafederativas, qual partido terá a reponsabilidade de custeá-lo. E será este partido o responsável pela contratação e prestação de contas relativas a este gasto.

A redação do art. 17, §2º, I e II e art. 19, §7º, I e II da Resolução nº 23.731/2024, que alterou a Resolução nº 23.607/2021, assentou que os partidos federados podem repassar, entre si, recursos do FEFC e do fundo partidário entre si. Esse entendimento já vinha sendo ratificado pelas Cortes Eleitorais.[37]

O art. 12, parágrafo único, II da Resolução nº 23.670/2021 do TSE também prevê que, ocorrendo a transferência de recursos oriundos do FEFC ou do fundo partidário entre os partidos que integram a

---

nº 23.607/2019 do TSE. Esse mesmo critério de distribuição também se aplica, no período eleitoral, para o uso do fundo partidário, por disposição do art. 19, §3º da referida resolução.

[37] Nesse sentido, têm-se os seguintes precedentes: "(4) Doações custeadas com recursos do FEFC, realizadas por partido em benefício de candidato às eleições proporcionais filiado a agremiação diversa - Candidato beneficiado que pertence a partido que integram Federação Partidária formada junto ao partido doador - A ausência de regramentos específicos atinentes a doações por parte de federações partidárias no âmbito da Resolução TSE nº 23.607/2019 demandam utilização de critérios jurídicos interpretativos para escorreita análise do item em exame - As federações partidárias, ao contrário das coligações, têm natureza duradoura, e requer coerência e afinidade ideológica e programática entre os partidos que as integram, configurando um vínculo mais forte e indivisível, passando a atuar de forma unificada em nome de todas as agremiações que a compõem, como se novo e único partido fosse - Possibilidade - Irregularidade sanada" (TRE-SP. Prestação de Contas Eleitorais nº 060735429, Acórdão. Des. Mauricio Fiorito. PSESS – Publicado em Sessão, 14.12.2022.). Nesta mesma linha de raciocínio: "3. No caso sob análise, o embargante demonstrou que fazem parte da mesma Federação de Partidos Políticos os candidatos beneficiados com as propagandas compartilhadas constantes das demais notas ficais, de modo que não há ofensa aos §§1º e 2º do art. 17 da Resolução nº 23.607/2019/TSE" (TRE-BA, Embargos de Declaração no(a) PCE nº 060388994, Acórdão. Des. Roberto Maynard Frank. *DJe – Diário da Justiça Eletrônico*, 28.3.2023).

federação, a desaprovação das contas do partido beneficiado, quando decorrente de irregularidades na aplicação daqueles recursos na campanha, acarretará a desaprovação das contas do partido doador. Tal regra, interpretada em consonância com os arts. 17, §9º e 19, §9º da Resolução nº 23.607/2019 do TSE, leva à conclusão de que, além da reprovação das contas de ambas as agremiações, ocorrerá a responsabilidade solidária, entre elas, pela devolução de valores, ao menos quanto às irregularidades mencionadas nos citados arts. 17 e 19 da resolução.

Em qualquer hipótese, não há que se falar em responsabilidade solidária, ou mesmo subsidiária, da federação, porque a arrecadação, o gasto e a fiscalização do gasto é de responsabilidade dos partidos que a integram, inclusive quanto a obrigações civis, trabalhistas ou tributárias que possam decorrer de sua atuação típica, porquanto, como sobredito, a responsabilidade pela contratação e fiscalização do adimplemento das obrigações é do partido por ela designado.

A Emenda Constitucional nº 111/2021, em seu art. 3º dispõe que até que entre em vigor lei que discipline a matéria, nos processos de incorporação de partidos políticos, as sanções eventualmente aplicadas aos órgãos partidários regionais e municipais do partido incorporado, inclusive as decorrentes de prestações de contas, bem como as de responsabilização de seus antigos dirigentes, não serão aplicadas ao partido incorporador nem aos seus novos dirigentes, exceto aos que já integravam o partido incorporado. Tal regra não menciona, especificamente, a federação, até porque a emenda fora promulgada em 28.9.2021, antes, portanto, da vigência da Lei nº 14.208/2021. De toda forma, pelo que se argumentou acima, seja por uma interpretação isonômica, seja em razão da peculiaridade que envolve a prestação de contas concernente à federação, não cabe a esta responsabilizar-se pela arrecadação e gastos de campanha dos partidos que a compõem, inclusive quanto aos recursos que lhe são destinados.

Relativamente aos órgãos da federação nos estados, no Distrito Federal e nos municípios, não há a obrigatoriedade de constituição de órgãos próprios, bastando que exista, na localidade, órgão partidário de algum dos partidos que a constitui (art. 9º da Resolução nº 23.670/2021 do TSE). Logo, a exemplo do que ocorre em nível nacional, não cabe à federação prestar contas à justiça eleitoral, mas, sim ao partido ou aos partidos que a compõem.

2.4 Funcionamento da federação na legislatura

O art. 17, IV da Constituição assegura o funcionamento parlamentar de acordo com a lei. Por seu turno, o parágrafo único do art. 11-A da Lei nº 9.096/95 dispõe que se aplicam à federação de partidos todas as normas que regem o funcionamento parlamentar e a fidelidade partidária.

2.4.1 Funcionamento parlamentar

Conforme o art. 12 da Lei nº 9.096/95, o funcionamento parlamentar é o direito dos partidos políticos e das federações de se fazerem representar nas casas legislativas e participar de suas diversas instâncias, por intermédio de uma bancada, sob a direção de lideranças de sua livre escolha, as quais são constituídas de acordo com o estatuto da federação, das disposições regimentais das respectivas casas de leis e demais dispositivos normativos.

No entanto, nem todos os partidos e federações têm direito ao funcionamento parlamentar. Nesse ponto, convém retomar o histórico das alterações legislativas e jurisprudenciais sobre o tema.

Inicialmente, o art. 13 da Lei nº 9.096/95 previu que somente teria direito ao funcionamento parlamentar, em todas as casas legislativas para as quais tenha elegido representante, o partido que, em cada eleição para a Câmara dos Deputados, tivesse obtido o apoio de, no mínimo, 5% (cinco por cento) dos votos apurados, distribuídos em, pelo menos, 1/3 (um terço) dos estados, com um mínimo de 2% (dois por cento) do total de cada um deles. Esse desempenho deveria ser alcançado, gradualmente, a cada eleição geral, consoante regras de transição dos arts. 56, I e 57, III da Lei nº 9.096/95, até que, a partir de 2007, fosse aplicada a cláusula de desempenho do art. 13 da Lei nº 9.096/95.[38]

---

[38] Para ter funcionamento parlamentar, na legislatura de 1995 a 1998, o art. 56, I dispunha que o partido deveria eleger, no mínimo, 3 representantes de diferentes estados. Na legislatura de 1998 a 2006, o art. 57, III exigia que o partido elegesse "representante em duas eleições consecutivas: a) na Câmara dos Deputados, toda vez que eleger representante em, no mínimo, cinco Estados e obtiver um por cento dos votos apurados no País, não computados os brancos e os nulos; b) nas Assembléias Legislativas e nas Câmaras de Vereadores, toda vez que, atendida a exigência do inciso anterior, eleger representante para a respectiva Casa e obtiver um total de um por cento dos votos apurados na Circunscrição, não computados os brancos e os nulos" (conforme Consulta nº 701/DF, Resolução nº 20.991 de 21.02.2002, Rel. Min. Garcia Vieira. *DJ*, 15 mar. 2002. p. 182). A partir de 2006, vigeria o art. 13 da Lei nº 9.096/95.

O art. 13 da Lei nº 9.096/95 foi declarado inconstitucional no julgamento da ADI nº 1.351-3 do STF, porque: "São inaceitáveis os patamares de desempenho e a forma de rateio concernente à participação no Fundo Partidário e ao tempo disponível para a propaganda partidária adotados pela lei". Segundo o Min. Marco Aurélio:

> [No] Estado Democrático de Direito, a nenhuma maioria é dado tirar ou restringir os direitos e liberdades fundamentais da minoria, tais como a liberdade de se expressar, de se organizar, de denunciar, de discordar e de se fazer representar nas decisões que influem nos destinos da sociedade como um todo, enfim, de participar plenamente da vida pública.

Com a declaração de inconstitucionalidade do art. 13 e para evitar um vácuo normativo, o STF projetou no tempo a validade do art. 57, III da Lei nº 9.096/95, que era a regra de transição entre 1998 a 2006, até que sobreviesse nova atuação das casas do Congresso Nacional. Ocorre que a atuação legislativa somente ocorreu com a Lei nº 13.165/2015, que revogou os arts. 56 e 57 da Lei nº 9.096/95, a que faziam referência as mencionadas decisões do STF. Logo, o requisito para o partido ou a federação de partidos ter funcionamento parlamentar ficou sem regulamentação em nível legal, porque o art. 13 foi considerado inconstitucional pelo STF e o art. 57, III da Lei nº 9.096/95, que estabelecia tal requisito, foi revogado pela Lei nº 13.165/2015.

Embora o art. 17, §3º da Constituição, com as regras de transição relativas à cláusula de desempenho instituída pela EC nº 97/2017, não faça qualquer menção aos requisitos para o funcionamento parlamentar, o Regimento Interno da Câmara Federal, por exemplo, aplica a regra constitucional, para restringir a participação de deputados em blocos parlamentares,[39] o que leva à discussão sobre a constitucionalidade de tal restrição regimental, em face do que dispõe o art. 17, *caput* e IV da Constituição, segundo o qual é assegurado aos partidos (e agora às federações) funcionamento parlamentar de acordo com a lei. O regimento interno subordina-se à lei e, não havendo lei, não poderia

---

[39] O art. 9º do Regimento Interno da Câmara Federal prevê que "Os Deputados são agrupados por representações partidárias ou Blocos Parlamentares, cabendo-lhes escolher o Líder quando a representação atender os requisitos estabelecidos no §3º do art. 17 da Constituição Federal". Já o seu §4º estabelece que o partido que não cumprir a cláusula de desempenho não terá liderança, mas, poderá indicar um de seus integrantes para expressar a posição do partido no momento da votação de proposições, ou para fazer uso da palavra, uma vez por semana, por cinco minutos, durante o período destinado às comunicações de lideranças.

o regimento interno condicionar o funcionamento parlamentar. De toda forma, o regimento interno da Câmara Federal procurou contemplar alguma participação dos partidos minoritários, que não atingiram o referido desempenho. Até que sobrevenha questionamento judicial ou alteração na referida regra, as federações partidárias submeter-se-ão a essa condição, ficando sujeitas a modificações normativas promovidas pela mesa da casa legislativa.

Deve-se destacar que os regimentos internos das casas de leis deverão se adaptar à nova legislação, e às decisões do STF e da Justiça Eleitoral. De toda forma, a partir dos regimentos internos vigentes das casas de leis federais, é possível trilhar algumas ponderações.

Primeiramente, é importante distinguir a posição dos parlamentares que integram um bloco ou uma frente parlamentar da federação (questão intrafederativa), e a posição da federação em relação a outros partidos ou federações (questão extrafederativa).

No tocante às questões intrafederativas no funcionamento parlamentar, Maria do Carmo Campello Souza defende que a manutenção da união dos partidos, no exercício do mandato, não pode ser facilmente desfeita ante a eventual fragilidade das regras de cada casa legislativa. Para a autora, os blocos parlamentares são frágeis, então, deve-se adotar a sistemática das frentes parlamentares, a fim de manter os mandatários integrantes da mesma federação alinhados politicamente:

> Quanto à possibilidade de equiparação das federações a blocos parlamentares, à primeira vista não se mostra adequada. [...]
> A disciplina regimental concernente aos blocos parlamentares é por demais flexível, não sendo essa a melhor alternativa para abrigar os conceitos e princípios exigidos pelo desenho das federações. Atualmente, os blocos parlamentares têm muito mais um papel de "ativo político" nas disputas internas para a eleição da Mesa Diretora do que uma estratégia política de atuação conjunta decorrente de afinidade programática.
> A natureza precária e provisória dos blocos parlamentares, cujo desfazimento não implica sanções aos seus integrantes, não condiz com o rigor que deve permear o funcionamento parlamentar das federações [...]
> Assim, qualquer decisão das Casas legislativas que venha a flexibilizar o rigor da norma sobre as federações, em especial a que prevê a atuação conjunta, sob liderança única, é sensível, como já dito, e pode acarretar a inconstitucionalidade superveniente da norma.

Essa é a principal razão pela qual defendemos, como norte interpretativo, a equiparação da federação à bancada de um único partido, mantidas as prerrogativas partidárias previstas constitucionalmente.[40]

Essa é uma questão que ainda depende da análise do regimento de cada casa legislativa e da prática institucional, a fim de averiguar se o modelo federativo está ou não sendo fragilizado. O fato é que tanto o regimento do Senado quanto o da Câmara Federal estabelecem que, uma vez que as lideranças dos partidos se coligam em bloco parlamentar, aquelas perdem suas atribuições e prerrogativas regimentais (art. 62, §2º do RI do Senado e art. 12, §2º do RI da Câmara). Tais dispositivos se aplicam à federação partidária, que poderá compor blocos ou frentes parlamentares com partidos não federados e com outras federações.

Assim, quanto ao aspecto extrafederativo, não há impedimento a que a federação venha a integrar bloco diverso do que integrou anteriormente, na próxima sessão legislativa, consoante dispõe o art. 12, §5º do RI da Câmara, segundo o qual: "O Bloco Parlamentar tem existência circunscrita à legislatura, devendo o ato de sua criação e as alterações posteriores ser apresentados à Mesa para registro e publicação". Ou seja, não há uma vinculação rígida e irrenunciável, que atraia as sanções jurídicas da Lei nº 14.208/2021, quanto à composição e ao desfazimento de blocos parlamentares formados pela federação com outras federações ou com outros partidos não federados.

O Regimento Interno da Câmara também estabelece, no art. 12, §8º, que a agremiação que integrava bloco parlamentar dissolvido, ou a que dele se desvincular, não poderá constituir ou integrar outro na mesma sessão legislativa, ou seja, no período de funcionamento normal da casa de leis dentro de um ano. Se uma federação deixar de integrar um bloco parlamentar, não poderá integrar outro dentro da mesma sessão legislativa. Mas essa é uma sanção política que se estabelece em cada regimento interno, de cada casa legislativa.

Tais situações não se confundem com a hipótese de dissolução da própria federação, situação em que há a vedação ao ingresso do partido em outra federação, ou à celebração de coligação nas 2 (duas)

---

[40] PONTES, Roberto Carlos Martins. O funcionamento parlamentar das federações partidárias no âmbito das casas legislativas: uma proposta de interpretação da Lei nº 14.208/2021. In: BARROS, Ezikelly; MALDONADO, Helio. *Federação de partidos* – Coletânea de artigos sobre a aplicação da Lei n. 14.208/2021. Brasília: Abradep – Academia Brasileira de Direito Eleitoral e Político, 2022. v. 2. p. 100-101; 109.

eleições seguintes. Aliás, caso um partido se desligue da federação, ou caso a federação seja dissolvida, é possível que os partidos que a compunham venham, novamente, a compor blocos parlamentares, desde que cumpra os requisitos dos regimentos internos das respectivas casas legislativas.

A interpretação dos dispositivos regimentais, a partir da inserção das federações partidárias na rotina do Parlamento, corresponderá a uma atividade política gradativa e relevante, a princípio não sujeita à controle jurisdicional. Isso porque o STF tem constantemente afirmado que interpretar o regimento interno do Poder Legislativo é uma atividade restrita àquele poder, sendo imune à interpretação judicial.[41]

2.4.2 Fidelidade partidária

O art. 11-A, §9º da Lei nº 9.096/95, com a alteração da Lei nº 14.208/2021, estabeleceu que "Perderá o mandato o detentor de cargo eletivo que se desfiliar, sem justa causa, de partido que integra federação".

O referido dispositivo deixa claro que, apesar de a federação ser tratada "como se fosse" um único partido, tal ficção não abrange todos os aspectos da vida partidária. Isso significa que a fidelidade partidária é exigida em relação ao partido pelo qual o mandatário foi eleito (exceto chefes do Executivo e senadores)[42] e não em relação à federação. A fidelidade, para fins de preservação do mandato, se deve ao partido, não à federação. Assim, por mais que um mandatário acompanhe o posicionamento da federação em questões políticas, se se desfiliar voluntariamente do partido pelo qual foi eleito, estará sujeito à cassação do mandato caso a sua grei assim pleiteie na Justiça Eleitoral.[43]

---

[41] Cite-se, por exemplo, o decidido no MS-AgR nº 26.062, de relatoria do Ministro Gilmar Mendes: "A interpretação e a aplicação do Regimento Interno da Câmara dos Deputados constituem matéria interna corporis, insuscetível de apreciação pelo Poder Judiciário".

[42] Sempre pertinente recordar que, "Malgrado os cargos majoritários serem submetidos a iguais condições de elegibilidade (mediante filiação partidária; escolha em convenção do partido; uso das verbas públicas e doações privadas partidárias; tempo de televisão e rádio com base na representatividade partidária), a perda do mandato por infidelidade partidária não atinge os candidatos eleitos aos cargos majoritários, em face de seu liame direto com o eleitor, sendo esta a distinção proclamada na ADI 5.081/DF, pelo STF" (FERNANDES NETO, Raimundo Augusto. *Partidos políticos*: desafios contemporâneos. Curitiba: Íthala, 2019. p. 217).

[43] Acerca do tema, tem-se a seguinte resposta à consulta: "Consulta. Federação Partidária. Mudança, sem justa causa, entre partidos integrantes da mesma Federação, fora do período da 'janela partidária'. Caracterização de infidelidade. Arts. 11-A, §§1º, 2º e 9º, da Lei 9.096/95

Do mesmo modo, se um parlamentar migrar do partido pelo qual foi eleito para um outro partido que integra a mesma federação, estará sujeito à cassação do mandato. Por se tratar de uma questão relativa ao partido, compete ao partido requerer a cadeira do parlamentar infiel, e não à federação.[44]

Há exceções à perda do mandato eletivo por desvinculação do partido, que estão previstas no art. 17, §§5º e 6º da Constituição, art. 22-A da Lei nº 9.096/95 e na jurisprudência.

Caso o partido expulse o mandatário porque incorreu, por exemplo, em infração ao seu estatuto, o parlamentar preservará o cargo eletivo porque a desfiliação não decorre de sua vontade, mas da atuação do partido.

---

e 5º, II, da Resolução TSE nº 23.670/21. Consulta respondida positivamente. A reforma introduzida pela Lei nº 14.208 de 28 de setembro 2021 na Lei nº 9.096/95, que criou o instituto da Federação de Partidos Políticos, não autoriza a desfiliação de partido federado, sem justa causa e fora do período da chamada 'janela partidária', ainda que o pretendido intercâmbio envolva agremiações integrantes da mesma federação, caracterizando-se tal mudança como ato de infidelidade partidária, punível com a perda do mandato parlamentar" (TRE-BA. Consulta nº 060009009, Acórdão, Des. Vicente Oliva Buratto. *DJe – Diário da Justiça Eletrônico*, 24.5.2023). Nesta mesma linha de argumentos: "Ademais, a movimentação entre partidos de uma mesma Federação não está expressamente prevista no rol das hipóteses constitucionais ou legais de justa causa, não havendo amparo normativo para que se admita a possibilidade de livre movimentação de parlamentares entre as agremiações federadas. Ausente base normativa para que se reconheça a justa causa na mera rotatividade do mandatário entre partidos programaticamente alinhados, ainda que componentes de uma mesma Federação" (TRE-RS. Ação de Justificação de Desfiliação Partidária/Perda de Cargo Eletivo nº 060003696, Acórdão. Des. Caetano Cuervo Lo Pumo. *DJe – Diário da Justiça Eletrônico*, 7.11.2023).

[44] "Portanto, mesmo após a constituição e registro da federação partidária, os partidos políticos mantêm a sua autonomia, não havendo qualquer exigência em lei ou resolução para que tenham que atuar de forma conjunta em todos os processos judiciais relativos aos partidos políticos que a integram. Também não há, no estatuto da federação 'PSDB Cidadania', qualquer previsão nesse sentido. A atuação conjunta nos processos eleitorais, estipulada no art. 2º do referido estatuto, deve ser entendida como união nos pleitos e não como atuação como federação em todos os processos judiciais que versam sobre matéria referente à Justiça Eleitoral. O art. 20, inciso II, do mesmo estatuto, estabelece que os colegiados representarão a federação judicial e extrajudicialmente, mas não há exigência de que, em todas as ações judiciais ajuizadas pelos partidos que integram a federação, ou em face desses, deva ocorrer sucessão processual ou atuação integrada. No presente caso, trata-se de suposto desligamento de filiada, sem justa causa, de partido político que sequer integrava federação à época dos fatos, visto que o registro e a própria constituição da federação como pessoa jurídica ocorreram em data posterior. Portanto, não se trata de matéria relativa às eleições de 2022 ou de 2024 ou ao funcionamento nas Casas legislativas na próxima legislatura, o que seria campo próprio de atuação da federação" (TRE-RJ, Ação de Justificação de Desfiliação Partidária/Perda de Cargo Eletivo (12628) - 0600319-13.2022.6.19.0000, São João de Meriti/ Rio de Janeiro. Rel. Des. Eleitoral Alessandra de Araujo Bilac Moreira Pinto, j. 3.8.2022).

Caso o mandatário abandone o partido e este o aceite novamente (trânsfuga arrependido),[45] ou caso o partido autorize sua saída da agremiação (art. 17, §6º da Constituição com a redação da EC nº 111/2021), não ocorrerá a perda do mandato. Se o mandatário que abandona a federação fora eleito por um partido que não integra a federação, sua fidelidade era para com aquele primeiro partido. Não ocorrendo sua cassação por infidelidade àquele primeiro partido, tampouco há infidelidade em relação ao partido para o qual migrou.

O mandatário também pode demonstrar a ocorrência de mudança substancial ou desvio reiterado do programa partidário por parte do partido,[46] hipótese em que estará legitimada sua retirada da grei (art. 22-A, I da Lei nº 9.096/95). A Lei nº 9.096/95 não inseriu, entre as hipóteses de justa causa para a desfiliação impune de mandatário, a criação da federação partidária. Ou seja, o simples fato de se criar uma federação não autoriza o parlamentar a migrar de partido, por completa ausência de previsão legal.

Como é cediço, a regra é a fidelidade partidária,[47] a exceção é a justificativa para a desfiliação sem perda do mandato, e toda exceção deve ser interpretada restritivamente, sobretudo, quando sequer existe previsão legal para tal exceção.[48]

Ademais, a homologação da federação pelo TSE pressupõe afinidade ideológica entre os partidos, significando dizer que a própria criação da federação faz presumir que os partidos que a integram não

---

[45] Assim foi decidido pelo TSE, por exemplo, no seguinte caso: BRASIL. Tribunal Superior Eleitoral. *AgR-Pet nº 2.981*. Rel. Min. Joaquim Barbosa, j. 3.8.2009.

[46] Cumpre recordar que nos termos da jurisprudência do TSE, é ônus do parlamentar que se desfiliou ou pretende se desfiliar comprovar uma das hipóteses de justa causa previstas na legislação de regência (BRASIL. Tribunal Superior Eleitoral. *Pet nº 51.689*. Rel. Min. Luciana Lóssio, red. designado Min. Jorge Mussi, j. 13.11.2018).

[47] Como afirma Vânia Siciliano Aieta: "Portanto, o princípio da fidelidade partidária deve atingir a dimensão e a importância dos valores que encerra, assumindo inteiramente a decisão política fundamental inserta em seu cerne, pois os valores em que se assenta e para os quais deve orientar a comunidade dos cidadãos concretizam-se como imperativos incontroláveis de recuperação da moralidade política nacional, fazendo valer uma sanção válida contra o carreirismo político e a "ciganagem partidária" (AIETA, Vânia Siciliano. Fidelidade e federação partidária: problemas e perspectivas. *In*: BARROS, Ezikelly; MALDONADO, Helio. *Federação de partidos* – Coletânea de artigos sobre a aplicação da Lei n. 14.208/2021. Brasília: Abradep – Academia Brasileira de Direito Eleitoral e Político, 2022. v. 2. p. 48).

[48] Nesse sentido: "AUSÊNCIA DE CORRELAÇÃO COM A DESFILIAÇÃO, JÁ QUE A SITUAÇÃO ERA PRÉVIA À PRÓPRIA FILIAÇÃO, OCORRIDA EM 2020. FORMAÇÃO DE FEDERAÇÃO. NÃO COMPROVAÇÃO DE MUDANÇA SUBSTANCIAL PARTIDÁRIA. INEXISTÊNCIA DE JUSTA CAUSA. INFIDELIDADE PARTIDÁRIA CONFIGURADA. PROCEDÊNCIA" (TRE-PR. AJDesCargEle nº 060023411. Acórdão nº 61.564, Maringá/PR. Rel. Des. Fernando Wolff Bodziak, j. 25.11.2022, public. 8.12.2022).

alteraram sua ideologia ou seu programa com a simples criação da federação.

Em segundo lugar, a legislação exige um grau relevante de afinidade programática, na medida em que os partidos precisam elaborar um estatuto comum, aprovado pelo TSE, e um programa comum de ambos. Com isso se minimiza o risco de partidos com linhas ideológicas completamente distintas se alinharem para fins eleitorais.[49]

É possível imaginar que o partido venha a alterar seu estatuto para assumir uma nova ideologia e aí ingressar numa federação. No entanto, perceba-se, não é a criação da federação que gerou a mudança do programa do partido a justificar a saída do parlamentar, mas a sua própria atuação, anterior à criação da federação, que ensejou a modificação do programa partidário.[50]

Esse entendimento, aliás, foi ratificado pelo TSE na resposta à Consulta nº 0600167-56.2023.6.00.0000, de 4.6.2024. Por maioria de votos, a Corte pôs fim ao questionamento, deliberando que a simples celebração de federação partidária não é apta a caracterizar justa causa para desfiliação. Tal consulta também ratificada no julgamento do Agravo no REspe nº 0600234-11.2022.6.16.0000 realizado no mesmo dia, no qual a Corte, por maioria, acompanhou o entendimento do Min. Nunes Marques no sentido de que: "a celebração da federação não implica, por si só, mudança substancial ou desvio reiterado do programa partidário e, por conseguinte, não é apta a caracterizar justa causa para desfiliação". O ministro destacou que para a configuração da justa causa prevista no §9º do art. 11-A da Lei nº 9.096/1995 deve haver comprovação inequívoca da efetiva alteração substancial das diretrizes partidárias, o que não ficou evidenciado no caso.[51] Destaque-se que o desvio é aferido em relação ao partido a que está filiado e não à federação. Se a federação incorre em desvio doutrinário ou programático, não há que se falar em quebra da fidelidade partidária, mas da fidelidade federativa. Na fidelidade partidária, a relação se dá entre o mandatário e o partido; nela não intervém diretamente a federação. Na

---

[49] STF. Referendo na Medida Cautelar na Ação Direta de Inconstitucionalidade nº 7.021, Distrito Federal. Rel. Min. Roberto Barroso, Plenário, j. 9.2.2022.
[50] O tema é objeto da Consulta nº 0600167-56.2023.6.00.0000, em trâmite perante o TSE.
[51] Disponível em: https://www.tse.jus.br/comunicacao/noticias/2024/Junho/tse-confirma-cassacao-do-mandato-de-vereador-de-maringa-pr-eleito-em-2020-1.

fidelidade federativa, a relação ocorre entre os partidos políticos; nela não intervém diretamente o parlamentar, embora possa solicitar providências de sua direção partidária que atue junto à federação para coibir os eventuais desvios e abusos que esta tenha praticado.[52] Nesse caso de infidelidade federativa, reitere-se, o parlamentar não pode alegar justa causa para abandonar o partido pelo qual foi eleito.

Pode-se cogitar, no entanto, a possibilidade de se caracterizar a justa causa na hipótese de o partido omitir-se reiteradamente sobre a violação dos seus preceitos mais fundamentais, em razão de práticas abusivas da federação. Ou seja, havendo violação aos pontos nevrálgicos do programa do partido que se alinham com o programa da federação, ocorrendo a reiterada omissão do partido em face de violações praticadas pela federação, violações estas que ocorrem em relação ao estatuto da federação, mas, também e especialmente, em relação ao estatuto ou programa do partido, então, nessa hipótese específica caracteriza-se a justa causa para desfiliação do mandatário.

Ademais se considera justa causa para abandonar o partido, sem a perda do mandato, a grave discriminação política pessoal praticada pelo partido em relação ao mandatário (art. 22-A, II da Lei nº 9.096/95). A exemplo do que se afirmou anteriormente, caso a discriminação parta da federação, não há que se falar em justa causa para o parlamentar abandonar o seu partido. No entanto, caso o seu partido omita-se em relação à federação, permitido que ele continue a ser gravemente discriminado pela federação, pode-se caracterizar a justa causa em relação ao seu partido.

Outra hipótese de justa causa para a desfiliação do mandatário diz respeito à mudança de partido efetuada durante o período de 30 (trinta) dias que antecede o prazo de filiação, exigido em lei para concorrer à eleição, ao término do mandato vigente (art. 22-A da Lei nº 9.096/95). Nesse caso, não se trata de simples abandono da agremiação para ficar sem partido, mas de efetiva mudança de um partido para outro e aplica-se, por exemplo, para o caso de um deputado federal

---

[52] Por analogia a este raciocínio, tem-se o seguinte precedente: "2. O filiado não possui legitimidade ativa para buscar a anulação de ato proferido pelo Órgão Nacional da Federação que anulou decisão proferida pelo Órgão Estadual, ressalvada a hipótese de eventuais irregularidades havidas em convenção" (TRE-PR. Petição Cível nº 060064724, Curitiba/PR. Acórdão nº 60.988, de 15.8.2022, 0600647-24.2022.6.16.0000. Rel. Des. Claudia Cristina Cristofani. DJe, t. 165, 18.8.2022).

que, no ano de eleições gerais, migrar dentro dos 30 (trinta) dias que antecedem os 6 (seis) meses anteriores à eleição.[53]

Por seu turno, se o partido pelo qual o parlamentar foi eleito deixar de integrar a federação, ou a federação deixar de existir, e se, em razão dessas situações, ocorrer a alteração na condição para o seu partido, isoladamente, adimplir a cláusula de desempenho estatuída pela EC nº 97/2017, ter-se-á uma possibilidade de migração deste parlamentar para outra agremiação, sem a perda do mandato, na forma do art. 17, §5º da CF, o que pode ocorrer a qualquer momento do mandato, observando-se o prazo mínimo de filiação partidária, para o caso de o parlamentar querer concorrer às eleições.

Não caracteriza justa causa, a motivar a manutenção do mandato, o fato de o partido do mandatário vir a integrar uma federação partidária. Assim, como a justificação para migração partidária por incorporação partidária não mais autoriza tal ato, ante a revogação tácita operada pela Lei nº 13.165/2015, o mesmo raciocínio vale para a federação. De mais a mais, uma vez cassado o mandato do parlamentar por infidelidade partidária, assumirá a vaga o suplente mais votado do partido, não o suplente mais votado da federação.

Por fim, a partir do momento em que o parlamentar abandonar o partido pelo qual foi eleito (não a federação), e mesmo que não sobrevenha eventual cassação por infidelidade partidária, perderá automaticamente a função ou cargo que exercia, na respectiva casa legislativa (art. 26 da Lei nº 9.096/95).

2.5 Deveres e fidelidade federativa, desligamento partidário e dissolução

2.5.1 Deveres e fidelidade federativa

O art. 17 da Constituição assegura a autonomia partidária, o que é confirmado pela Lei nº 14.208/2021 e pela Resolução nº 23.670/2021

---

[53] No julgamento da medida cautelar na ADI nº 7.021 do STF, em razão da modulação de efeitos, suspendeu-se a eficácia do dispositivo da Lei nº 14.208/2021 que possibilitava a celebração das federações até a data final para a realização das convenções. No referido julgamento estabeleceu-se, exceto para o ano de 2022, que as federações devem requerer sua criação, ao TSE, até 6 (seis) meses antes do pleito. Com isso, os parlamentares interessados em migrar de partido, em razão, por exemplo, de uma eventual incompatibilidade de seus ideais políticos em relação aos da federação que se formará, terão a oportunidade de realizá-la na janela a que se refere o art. 22-A, III da Lei nº 9.096/95.

do TSE. No entanto, a autonomia e a fidelidade são termos, *prima facie*, excludentes. É que a autonomia se refere ao ente partidário que determina a si mesmo, segundo a sua vontade coletiva, manifestada por seus órgãos de direção. Já fidelidade é um dever obediência a compromissos que se tem em relação a um terceiro. É possível afastar tal contradição, desde que se indique qual é o âmbito da autonomia e qual é o âmbito da fidelidade, em que pese existirem situações de difícil discernimento.

Inicialmente, pode-se afirmar que a regra dominante é a da autonomia partidária. A limitação e essa autonomia é a exceção, e deve derivar da Constituição, da lei, dos regimentos internos das casas legislativas, do estatuto do partido, e, como se verá a seguir, do estatuto da federação.

Já se afirmou que a autonomia partidária, como um todo, não é renunciável, já que o partido não pode se dispor, de maneira deliberada, a ser meio para que outros partidos alcancem seus fins. No entanto, cada partido pode, de maneira autônoma, determinar-se segundo as regras que escolheu ao integrar uma federação de partidos. Um partido que ingressa na federação tanto no momento de sua formação, quanto em momento posterior, tem as condições de discutir as regras do estatuto da federação.

O art. 5º da Resolução nº 23.670/2021 do TSE dispõe que a formação de uma federação não afeta a identidade e a autonomia dos partidos integrantes. A par das premissas anteriormente estabelecidas, tem-se que os incisos do referido artigo são meramente exemplificativos. Ou seja, o fato de não constarem algumas prerrogativas e atribuições no referido rol não significa que elas não integrem o âmbito da autonomia do partido, como já destacado nos tópicos anteriores.

E é a partir da autonomia dos partidos, que instituem o estatuto da federação, que se deve compreender a fidelidade eleitoral e política e os deveres jurídicos desses mesmos partidos em relação ao estatuto da federação que integram. Tais deveres jurídicos impostos aos partidos da federação devem derivar, diretamente, das finalidades eleitorais e políticas da federação. De igual forma, a federação tem os seus deveres em relação aos partidos que a constituem, os quais derivam dessas mesmas finalidades.

Nesse ponto, cabe ressalvar que tanto as relações intrafederativas, quanto extrafederativas se dão pela federação. Ou seja, os partidos que compõem a federação não estabelecem relações diretas e imediatas com os outros partidos da mesma federação, a não ser para instituir e reformar o estatuto da federação, para extingui-la ou para deliberar sobre questões políticas e eleitorais que dizem respeito à sua esfera de autonomia. Do mesmo modo, a relação entre os filiados de um partido e a federação ocorre pela mediação do partido a que a(o) cidadã(ão) está filiada(o). Noutros termos, um(a) filiado(a) de um partido não se relaciona diretamente com a federação, a não ser que o estatuto da federação, em situações especiais, admita tal possibilidade, e desde que tal providência não se caracterize como uma forma de simular uma fusão ou uma incorporação partidária.

Um dever geral dos partidos em relação à federação diz respeito à manutenção administrativa da federação. A federação deve ter condições materiais, financeiras e técnicas de viabilizar sua atuação eleitoral e política em favor dos partidos que a compõem. Para tanto, é necessário que os partidos contribuam com recursos financeiros e humanos, hábeis a prover tal mantença. Em contrapartida, a federação deve viabilizar a mediação intrafederativa entre os partidos que a compõem, bem como a defesa extrafederativa dos seus interesses eleitorais e políticos.

Esta fidelidade eleitoral diz respeito aos esforços que cada partido e a federação, reciprocamente, devem empreender para alcançar o objetivo comum: conseguir o melhor resultado eleitoral possível. A participação em reuniões estratégicas, o compartilhamento de contatos e informações relevantes ao pleito, a não coligação com alguns partidos nas eleições proporcionais, entre outras providências, exemplificam tais deveres.

A fidelidade política diz respeito à orientação ideológica, doutrinária, programática e estratégica que os partidos estabeleceram para si e que impactará na forma com que atuarão durante a legislatura. A convocação de todos os representantes dos partidos, que integram a direção da federação, para participar de reuniões para definição de votações importantes nas casas legislativas, o respeito à orientação da federação em questões políticas, a não integração a bloco ou atuação conjunta com alguns partidos que não compõem a federação ilustram tais deveres.

Tanto o partido federado, quanto a federação que violar os referidos deveres, de maneira injustificada, ficam sujeitos às sanções previstas no estatuto, que podem ser de caráter patrimonial (multas, cláusulas penais, indenizações etc.) ou político (suspensão da atuação em bloco parlamentar etc.).

Tal descumprimento, se, além de injustificado, é substancial, pode ensejar o afastamento do partido da federação. Este descumprimento substancial não precisa, necessariamente, ser verificado apenas no âmbito federal, sendo possível constatá-lo em relação à posição política que o partido ocupa em estados e municípios. Isso pode ocorrer, por exemplo, se a federação atua de maneira a alijar um partido de suas bases eleitorais, o que pode ser suficiente para caracterizar a violação dos deveres estatutários por parte da federação em relação ao partido, a depender da intensidade com que se afetam os interesses do partido prejudicado. Do mesmo modo, se a maioria dos órgãos municipais de um partido deixa de respeitar o estatuto da federação, estará caracterizada a violação dos deveres estatutários pelo partido.

Tais questões remetem à justa causa para o desligamento ou desfazimento da federação partidária, em razão das consequências estabelecidas no art. 11-A, §4º da Lei nº 9.096/95 (com a redação da Lei nº 14.208/2021), as quais acarretarão "[...] ao partido vedação de ingressar em federação, de celebrar coligação nas 2 (duas) eleições seguintes e, até completar o prazo mínimo remanescente, de utilizar o fundo partidário".

Em regra, as questões relacionadas ao cumprimento desses deveres são de competência da justiça comum, notadamente quanto ao impacto patrimonial e político. No entanto, quanto aos impactos relacionados ao acesso aos recursos públicos, que refletem no desempenho eleitoral do partido, não há determinação clara sobre o tema, sendo possível valer-se da legislação que versa sobre infidelidade partidária para aferição da justa causa do desligamento do partido. Esta problemática será explorada a seguir.

2.5.2 Desligamento partidário e dissolução da federação: efeitos eleitorais

A federação terá vigência por tempo indeterminado, sendo punidos, na forma da lei, os partidos que dela se desligarem antes dos 4 anos, a contar do seu ingresso, cujo termo inicial ocorrer na formação original da federação, ou em momento posterior (art. 11-A, §4º da Lei nº 9.096/95, com a alteração da Lei nº 14.208/2021). O partido que descumprir tal condição não poderá celebrar coligação nas duas eleições seguintes, tampouco utilizar do fundo partidário até completar o prazo mínimo remanescente de permanência na federação.

A legislação dispõe que a vedação à participação em coligações ocorrerá nas duas próximas eleições. Porque a federação é estabelecida em nível nacional, poder-se-ia concluir que as duas próximas eleições a que faz referência a legislação são as eleições gerais, o que ensejaria o impedimento do partido de ingressar em coligações por mais de quatro anos. Mas a lei não distingue entre eleições gerais e eleições municipais, do que se extrai que a vedação à participação em coligação é para quaisquer das duas próximas eleições ordinárias, sejam elas gerais, sejam municipais. Note-se que se o partido abandonar a federação 1 (um) ano antes das eleições municipais, decorrerão 3 (três) anos até que transcorra o prazo das duas próximas eleições ordinárias. Isso significa que na 2ª eleição municipal, ou seja, 5 anos após abandonar a federação, o partido poderá ingressar em uma coligação proporcional, caso venha a federar-se novamente.

Quanto ao fundo partidário, a regra tem tratamento diverso, porque o impedimento corresponde ao prazo remanescente para completar o tempo mínimo de vinculação à federação (4 anos), a contar do momento em que o partido ingressou na federação. Durante esse período, o partido não poderá "utilizar" o fundo partidário. A legislação veicula o termo "utilizar", o que pode levar à conclusão de que o partido poderia continuar a receber o fundo, mas não poderia utilizá-lo no período vedado. No entanto, a proibição de utilizar o fundo significa não o receber e dele não fruir, pelo período remanescente, o que reforça o caráter sancionatório do desrespeito ao prazo mínimo de vinculação de 4 (quatro) anos que a grei deve manter em relação à federação. No tocante ao FEFC, não há qualquer sanção, aplicando-se as regras vigentes para a distribuição desse recurso para cada partido. Relativamente à distribuição do tempo de propaganda eleitoral em rádio de TV, reporta-se o leitor ao tópico que versa sobre a criação e as alterações do estatuto da federação.

Quanto à dissolução da federação, deve-se considerar as seguintes hipóteses: (a) dissolução voluntária depois de transcorrido o prazo mínimo de 4 anos; (b) dissolução voluntária ocorrida antes do prazo mínimo de 4 anos; (c) dissolução involuntária ocorrida antes do cumprimento do prazo mínimo de 4 anos.

Na primeira hipótese, a dissolução voluntária depois de transcorrido o prazo mínimo de 4 anos pressupõe que os partidos que compõe a federação deliberaram por extingui-la. Tal extinção deve se dar de maneira voluntária e multilateral, na forma definida no estatuto da federação, ou, em caso de omissão, na forma estabelecida para sua constituição. Nesse caso, a dissolução não atrai qualquer sanção aos partidos políticos, que poderão formar outras federações, participar de coligações e continuar a receber o fundo partidário, caso cumpram a cláusula de desempenho da EC nº 97/2017.

Na segunda hipótese, de dissolução voluntária multilateral ocorrida antes do prazo mínimo de 4 anos, aplicam-se as sanções anteriormente indicadas, ante o desligamento de todos os partidos da federação. Assim, todos os partidos que a abandonam ficam proibidos de participar de coligações e de compor outras federações por duas eleições, bem como de utilizar o fundo partidário pelo prazo remanescente, até que se completem os 4 (quatro) anos contados a partir do seu ingresso na federação.

A terceira hipótese de dissolução involuntária ocorre quando restar apenas 1 (um) partido na federação. Se tal dissolução ocorrer depois do cumprimento do prazo mínimo de 4 anos, por todos os partidos, não haverá qualquer sanção jurídica a eles aplicável. Porém, a dissolução pode ocorrer antes do período de 4 (quatro) anos para o partido que pretende mantê-la, em razão de os outros partidos desligarem-se voluntariamente da federação, restando apenas aquele 1 (um) que pretende preservá-la. É em relação a esse partido que a dissolução da federação ocorrerá de maneira involuntária, porquanto não existe federação de 1 (um) partido. Logo, mesmo que tal partido pretenda manter a federação, sua vontade é suplantada por ato voluntário de terceiros, no caso, os outros partidos que compunham a federação e decidiram abandoná-la. Nesse caso, o partido remanescente não sofrerá todas as sanções previstas na legislação, conforme será detalhado no tópico sobre a justa causa para o desligamento da federação. Aos demais, caso não tenham cumprido o prazo de vinculação mínima, e caso a saída seja injustificada, serão aplicadas as cominações anteriormente indicadas.

Há hipóteses de mutações partidárias que podem afetar a continuidade da federação partidária, a exemplo dos fenômenos da fusão ou da incorporação, pertinentes à análise da Resolução nº 23.670/2021 do TSE. O art. 7º, §3º da referida resolução estabelece que se a extinção da federação for motivada pela fusão ou incorporação entre os partidos que compõem a federação, não serão aplicadas as sanções aos partidos que a compunham. A mencionada resolução aplica-se, diretamente, para aqueles casos em que todos os partidos que compõem a federação ou fundiram-se uns com os outros, ou incorporaram/foram incorporados por outros integrantes da mesma federação. Nesse caso, não há que se falar em federação, porque, ao final, restará apenas um partido incorporador, ou um novo partido decorrente da fusão. Para essa hipótese, não há que se falar na aplicação das sanções da Lei nº 14.208/2021. De certo modo, a Resolução nº 23.670/2021 do TSE estimula as fusões e incorporações partidárias em detrimento do cumprimento do prazo mínimo para a preservação das federações.

Mas existem outras possibilidades a serem consideradas. Pode ocorrer que em uma federação de 4 (quatro) partidos ("A", "B", "C" e "D"), 3 (três) decidam fundir-se, de maneira que na federação restarão apenas 2 (dois) partidos; no exemplo, o novo partido "ABC" e o partido "D". O mesmo pode ocorrer, no caso do exemplo, se o partido "A" incorporar as agremiações "B" e "C", remanescendo apenas os partidos "A" e "D".

Nesses casos de fusão ou de incorporação, não há a necessária consequência da dissolução da federação. Ou seja, é possível que os partidos que se fundiram preservem a mesma afinidade ideológica e doutrinária, compatível com a federação e assim não exista razão para não continuar a integrar a federação juntamente a outro partido. Em contrapartida, em caso de abandono ou dissolução injustificada antes do transcurso do prazo mínimo de 4 (quatro) anos, aplicar-se-ão as sanções indicadas na legislação.

Caso o partido se deligue da federação até 6 (seis) meses antes da eleição, poderá participar, isoladamente, do pleito (art. 7º, §2º da Resolução nº 23.670/2021 do TSE), sendo-lhe aplicadas as sanções anteriormente referidas, caso tal desvinculação não seja justificada. Caso o partido se desligue dentro dos 6 (seis) meses que antecedem as eleições, por interpretação *contrario sensu* do art. 7, §2º da Resolução nº 23.670/2021 do TSE, poder-se-ia concluir que tal agremiação não poderá participar das eleições. No entanto, esta não parece ser a melhor conclusão para o problema, uma vez que impedir um partido de participar de uma eleição corresponde a mortificá-lo, já que a eleição é o momento em que pode ter a chance de conquistar o poder. Tal interpretação viola o princípio do pluralismo político e o da igualdade de chances de conquista do poder. Ou seja, o partido que se desvincula da federação dentro dos 6 (seis) meses que antecedem o pleito também pode participar do pleito vindouro, desde que atenda às demais exigências da legislação. Porém, se o desligamento ocorrer de maneira injustificada, ser-lhe-ão aplicadas as sanções quanto à proibição de coligar-se nas eleições proporcionais, de integrar federação e de receber o fundo partidário, consoante dispõe a Lei nº 14.208/2021 e a Resolução nº 23.670/2021 do TSE.

Em caso de extinção do partido político, seja por decisão judicial, seja por deliberação de seus integrantes, não há que se falar na aplicação das sanções ao partido que se desliga da federação, ao menos quanto às regras concernentes à federação partidária.

Pode ocorrer de o partido desligar-se da federação durante as convenções partidárias. Neste caso, o partido sofrerá todas as sanções anteriormente delineadas, porém, mesmo assim poderá lançar seus candidatos se ainda tiver tempo hábil. O partido pode desligar-se da federação após as convenções partidárias. Nesse caso, mesmo que o desligamento seja justificado, o que afastaria as sanções da legislação, não haveria mais tempo hábil para lançar candidatos. Quanto à federação, caso o abandono do partido não acarrete a sua dissolução, poderá complementar sua chapa de candidatos e disputar o pleito. Caso a dissolução da federação ocorra dentro dos 6 meses que antecedem o pleito, os partidos que a compõem poderão disputar as eleições vindouras isoladamente.

Em todos os casos, deve-se avaliar o adimplemento do prazo mínimo de 4 (quatro) anos de vinculação à federação e a existência de justa causa para a desvinculação do partido, a fim de averiguar a incidência das sanções da Lei nº 14.208/2021.

2.5.3 Desligamento partidário e dissolução da federação: efeitos para o funcionamento parlamentar

As sanções aplicáveis às hipóteses de desligamento do partido ou de dissolução da federação anteriormente detalhadas também geram efeitos para o funcionamento parlamentar. Ou seja, porque o partido não poderá integrar a federação, a verificação das condições para compor blocos parlamentares e eleger lideranças, para citar alguns exemplos, será aferida isoladamente, observadas as disposições legais e do regimento das casas legislativas.

As hipóteses de justa causa a seguir comentadas não alteram o funcionamento parlamentar, ou seja, existindo ou não justa causa, a aferição das condições para o funcionamento parlamentar se dará em conformidade com o regimento interno da casa legislativa.

2.5.4 Mutações partidárias e justa causa para o desligamento da federação

A Lei nº 14.208/2021 e a Resolução nº 23.670/2021 do TSE indicam que o descumprimento ao prazo mínimo de 4 (quatro) anos de permanência dos partidos na federação "acarretará ao partido vedação de ingressar em federação, de celebrar coligação nas 2 (duas) eleições seguintes e, até completar o prazo mínimo remanescente, de utilizar o fundo partidário".

A exceção expressa à referida regra punitiva encontra-se no art. 7º, §3º da mencionada resolução do TSE, e se aplica para a hipótese de todos os partidos que compõem a federação se fundirem ou incorporarem/serem incorporados, de maneira que, após a fusão ou incorporação, passará a existir um único partido. Como não é possível a existência da federação com um único partido e como a fusão e a incorporação são providências permitidas pela legislação, está justificada a extinção da federação, não se aplicando ao novo partido que resultou da fusão, ou ao partido incorporador, as sanções mencionadas anteriormente.

Mas é possível conceber outras hipóteses de justa causa que afastam as consequências jurídicas da Lei nº 14.208/2021.

A primeira hipótese ocorre quando a federação deve ser dissolvida porque remanescerá apenas um partido que pretende preservá-la, mas que conta com menos de 4 (quatro) anos de vinculação. Caso a dissolução da federação decorra da vontade arbitrária de outros partidos, que decidem desvincular-se da federação sem justa causa, ou caso esses partidos sejam extintos voluntariamente, ou por decisão da judicial eleitoral, ou porque foram incorporados a outros partidos que não integram a federação, ou, ainda, porque se fundiram com outras agremiações que não compõem a federação, não se aplicará as sanções da lei ao partido que nela pretender remanescer. Ou seja, o partido que intenta preservar a federação, em vias de se dissolver, poderá integrar outras federações e formar coligações na primeira oportunidade, sem sofrer as limitações da Lei nº 14.208/2021. Caso esse partido remanescente atenda aos critérios da EC nº 97/2017, manterá o direito ao recebimento do fundo partidário, considerando-se, apenas, o seu desempenho eleitoral, o qual poderá ser acrescido ao de uma nova federação, já a partir da nova legislatura federal.⁵⁴

A segunda hipótese ocorre quando um partido se desliga da federação, antes do prazo mínimo de 4 (quatro) anos de permanência, porque os demais partidos estão a violar a legislação, a exemplo do que prevê o art. 17, I, III e §4º da Constituição e o art. 28 da Lei nº 9.096/95. Assim, é possível justificar o abandono da federação porque os demais partidos receberam recursos financeiros de entidade ou governo estrangeiros ou estão subordinados a estes, porque se utilizam de organização paramilitar ou porque a esfera de administração nacional dos outros partidos deixou de prestar de contas à Justiça Eleitoral. Também se caracteriza a justa causa quando ocorrer a infração significativa aos elementos essenciais do estatuto da federação. Por analogia ao art. 22-A, I e II da Lei nº 9.096/95, podem caracterizar a justa causa a mudança substancial ou o desvio reiterado do programa federativo, bem como a grave discriminação política do partido pela federação, o que pode decorrer, por exemplo, do abuso de poder da maioria que altera as regras da federação de modo a inviabilizar o funcionamento ou o êxito político e eleitoral de certa grei que a compõe. A hipótese do art. 22-A, III da Lei nº 9.096/95 não se aplica à federação, assim como a prevista no art. 17, §6º da Constituição, na medida em que se refere ao desempenho das próprias agremiações no pleito, tratando-se de uma corresponsabilidade político-eleitoral que não pode ser individualizada.

O partido que se desliga justificadamente da federação não está sujeito à proibição de ingressar em federações ou coligações para as eleições proporcionais, e preserva o direito de receber o fundo partidário, caso atenda aos requisitos da EC nº 97/2017.

No caso de fusão, incorporação ou cisão entre partidos que já compõem a federação, e que, por conta disso, alteraram seu estatuto, sua doutrina ou seu programa partidário, tornando-os incompatíveis com o estatuto da federação, somente haverá justa causa para desligamento dos demais partidos, caso ocorra uma das hipóteses de justificação anteriormente cotejadas. Exemplificativamente, se um novo partido surge de uma fusão e cria um estatuto que diverge das regras fundamentais do estatuto da federação, será pela efetiva atuação deste novo partido

---

⁵⁴ Como já fora apontado no tópico relacionado à criação da federação, há uma polêmica importante quanto ao momento inicial dos efeitos da formação da federação quanto ao acesso aos recursos públicos.

que viola essas regras essenciais que se caracterizará a justa causa, e não, simplesmente, pela mera criação de um novo estatuto.

A fusão pode ocorrer entre um partido que integra a federação e um partido que não a integra, formando-se, assim, uma nova entidade partidária. Nesse caso, os partidos que se fundem deixam de existir, para formar uma nova agremiação. Caso isso ocorra depois de transcorrido o prazo mínimo de vinculação à federação, os partidos poderão fundir-se sem sofrer as sanções legais. No entanto, para manter-se federados, deverão realizar um novo ato de vinculação a uma federação, iniciando-se, aí, o prazo mínimo de enlace.

Numa situação de fusão entre partidos federados e não federados ou entre partidos de federações distintas, em que uma ou mais agremiações não cumprem o tempo mínimo de permanência numa federação, estas não sofrerão as restrições de integrar uma coligação ou uma nova federação por duas eleições, porque para uma entidade que se extinguiu com a fusão não é possível promover tais impedimentos.

No entanto, a situação é diversa quanto ao acesso ao fundo partidário dos partidos extintos que se fundiram, porque o art. 29, §7º da Lei nº 9.096/95 estabelece:

> Havendo fusão ou incorporação, devem ser somados exclusivamente os votos dos partidos fundidos ou incorporados obtidos na última eleição geral para a Câmara dos Deputados, para efeito da distribuição dos recursos do Fundo Partidário e do acesso gratuito ao rádio e à televisão.

Nessa hipótese, somente será entregue o fundo partidário correspondente à agremiação que permaneceu pelo prazo mínimo de 4 (quatro) anos na federação abandonada ou dissolvida. Exemplificativamente, se os partidos "A" e "B", que integravam a federação "X" e "Y", respectivamente, decidem formar um novo partido "AB", se o partido "A" estava há mais de 4 (quatro) anos na federação "X" e o partido "B" há apenas 1 (um) ano na federação "Y", para que o novo partido "AB" receba a parte do fundo partidário da grei "B", deverá aguardar o lapso temporal de 3 (três) anos, em razão da sanção disposta na Lei nº 14.208/2021. Pondere-se que tal raciocínio objetiva conciliar, de um lado, o incentivo às fusões entre partidos, e, de outro, preservar as federações, evitando-se que elas se tornem etéreas e sejam confundidas com meras coligações.

Quanto à incorporação, se é o partido incorporador que se encontra na federação e acolhe um partido que não a integra, o partido incorporado deixará de existir, sendo assimilado na federação, através do partido incorporador. Se o partido incorporado não se encontra vinculado a uma federação ou se sua vinculação ultrapassou o prazo mínimo de 4 (quatro) anos, não haverá qualquer sanção ao partido incorporador e ao incorporado, podendo o partido incorporador fruir do quinhão do fundo partidário destinado ao partido incorporado (art. 29, §9º da Lei nº 9.099/95).

Mas, se o partido incorporado origina-se de outa federação e nela não cumpriu o requisito mínimo de 4 (quatro) anos de permanência, sua incorporação equipara-se ao abandono voluntário. Não há que se falar na proibição de realização de coligação e de integração a uma federação, porque o partido incorporado deixa de existir. No entanto, a restrição relativa ao acesso ao fundo partidário se aplica ao partido incorporado, por se tratar de um efeito remanescente da incorporação. Ou seja, o partido incorporador somente passará a fruir da parcela do fundo partidário que cabia ao partido incorporado depois de transcorrido o prazo mínimo a que faz alusão o art. 11, §4º da Lei nº 9.096/95.

Também é possível conceber outras hipóteses de justa causa para a desfiliação de um partido da federação, ante a pluralidade de situações que envolvem a vida política. Exemplificativamente, um partido federado que atenta contra a democracia e os princípios constitucionais que limitam a atuação dos partidos pode ser expulso da federação, ou os demais integrantes podem requerer seu afastamento da federação justificadamente. Também é possível conceber a hipótese em que um dos partidos da federação incorpora ou funde-se com outra agremiação (externa à federação), que não tem relação de afinidade ideológica com o estatuto da federação. Aqui a discussão sobre a possibilidade de expulsão ou de justificativa para retirada das agremiações seguiria a lógica anteriormente esposada.

Ainda é possível conceber a hipótese de um partido externo à filiação incorporar um partido federado. Nesse caso, como o partido incorporado deixa de existir, seria necessário promover a federação do partido incorporador à federação preexistente. No entanto, caso a federação seja de apenas dois partidos, com a incorporação de um deles, a federação extingue-se, consoante já esposado acima.

As discussões judiciais sobre a federação devem observar o art. 11 da Resolução nº 23.670/2021 do TSE, segundo o qual:

As controvérsias entre os partidos políticos relativas ao funcionamento da federação constituem matéria *interna corporis*, de competência da justiça comum, ressalvada a competência da Justiça Eleitoral para dirimir questões relativas ao registro da federação e das alterações previstas nos arts. 6º e 7º desta Resolução ou que impactem diretamente no processo eleitoral.

Os arts. 6º e 7º da resolução referem-se às hipóteses de ingresso, desligamento e extinção da federação. Assim, ainda que o dispositivo não seja explícito, extrai-se da sua redação, por analogia do que ocorre com a infidelidade partidária, que os debates sobre a existência de justa causa, para não sofrerem, ainda que de maneira parcial, as sanções estabelecidas na Lei nº 14.208/2021, ocorrerão perante a Justiça Eleitoral.

Outras questões relacionadas ao funcionamento político ou à organização e gestão da federação, que não se circunscrevam às referidas hipóteses, ou constituirão matéria *interna corporis* ou deverão ser submetidas à Justiça comum.

Verifica-se, portanto, que a resolução incorporou entendimento jurisprudencial há muito adotado em relação aos litígios partidários que se submetem ou não à Justiça Eleitoral,[55] transportando tal entendimento para o exercício da jurisdição em lides envolvendo as federações. Observa-se que competirá à Justiça Eleitoral o julgamento das demandas envolvendo as deliberações internas, quando estas refletirem diretamente no pleito. Assim, por exemplo, eventual ação que busque invalidar a deliberação adotada por uma federação, em razão de ofensa a preceitos estatutários, será em regra julgada pela Justiça Comum. Mas se, por outro lado, em uma situação hipotética, tal deliberação violar a almejada equidade na aplicação de recursos de campanha, estabelecida pelo parágrafo único, do art. 12, da Resolução nº 23.670/2021 do TSE, caberá à Justiça Eleitoral o julgamento do litígio, em razão de seu impacto no processo eleitoral.

---

[55] Recorda-se o seguinte julgado: "[...] a divergência interna do partido político, desde que a questão tenha reflexos no processo eleitoral, pode ser apreciada pela Justiça Eleitoral, sem que esse controle jurisdicional interfira na autonomia das agremiações partidárias, garantido pelo art. 17, §1º, da Constituição Federal (Edcl no AgRg no REspe nº 23.913/CE, rel. Min. Gilmar Mendes, DJ 26.10.2004)" (BRASIL. Tribunal Superior Eleitoral. *AgReg em REsp nº 30.535*. Rel. Min. Felix Fischer, de 11.10.2008).

2.5.5 Extinção da federação

A extinção da federação pode ocorrer por remanescer apenas um partido, ou, voluntariamente, por deliberação dos partidos que a compõem, hipótese em que, segundo o art. 6º, §5º da Resolução nº 23.670/2021 do TSE: "cessará imediatamente o efeito previsto no §1º do art. 4º desta Resolução, devendo-se proceder a novo cálculo para a distribuição do Fundo Partidário conforme a cláusula de desempenho em vigor".

Caso tal extinção ocorra antes de transcorrido o prazo mínimo de vinculação à federação, incidirão as sanções do art. 11, §4º da Lei nº 9.096/95. Excetua-se tal hipótese em relação ao partido que pretende remanescer na federação, em face do abandono arbitrário das demais agremiações, hipótese em que a tal partido não se aplicarão as restrições do referido dispositivo legal.

CAPÍTULO 3

POLÊMICAS CONSTITUCIONAIS E DESAFIOS PRÁTICOS

ROOSEVELT ARRAES

Advogado. Sócio fundador da Arraes & Carboni Sociedade de Advogados. Mestre e Doutor em Filosofia Política e do Direito pela PUCPR. Doutorando em Direito Constitucional pela UFPR. Professor de Direito Constitucional e Eleitoral do Unicuritiba e da Escola Paranaense de Direito. Diretor jurídico do Instituto Mais Cidadania. Membro da Comissão de Direito Eleitoral da OAB/PR, do Iprade, da Abradep. Observador internacional da Transparencia Electoral. Autor de diversos artigos e livros na área de direito eleitoral e democracia.

LUIZ GUSTAVO DE ANDRADE

Advogado. Sócio diretor da Zornig & Andrade Advogados Associados. Mestre em Direito pelo Unicuritiba. Doutorando pela PUC-SP. Professor de Direito Constitucional e Eleitoral do Unicuritiba e da Escola Paranaense de Direito. Presidente do Instituto Mais Cidadania. Membro do Iprade. Secretário-Geral da Abradep. Membro da equipe revisora do Projeto do Novo Código Eleitoral Brasileiro. Observador internacional da Transparencia Electoral. Autor de diversos artigos e livros na área de direito eleitoral e democracia.

PAULO HENRIQUE GOLAMBIUK

Advogado. *Head* da área de Direito Eleitoral e Político do Vernalha Pereira Advogados. Presidente do Iprade. Membro da Abradep e da Comissão de Direito Eleitoral da OAB/PR.

LUIZ FERNANDO CASAGRANDE PEREIRA

Advogado, consultor e fundador do Vernalha Pereira Advogados. Doutor e Mestre em Direito Processual Civil pela Universidade Federal do Paraná (UFPR). Tesoureiro da OAB/PR. Coordenador-Geral da Abradep. Membro-Fundador e Ex-Presidente do Iprade.

3.1 Verticalização e autonomia partidária

A inclusão das federações partidárias no sistema eleitoral pátrio reacendeu um antigo debate das cortes eleitoral e constitucional. Não somente o novo instrumento permite, novamente, a formação das alianças para os pleitos proporcionais, como também estabelece uma obrigatória correspondência entre os pactos feitos nas diferentes esferas federais, fenômeno conhecido como *verticalização*.

O empréstimo do termo, ainda que não corresponda em absoluto com a nova realidade, é útil para ponderar acerca da constitucionalidade do instituto, especialmente tendo em vista a menção da ideia na ADI nº 7.021/DF, proposta pelo Diretório Nacional do PTB em 4.11.2021.

A história da verticalização das coligações no sistema eleitoral brasileiro data de agosto de 2001, quando os deputados federais Miro Teixeira (PDT-RJ), José Roberto Batochio (PDT-SP), Fernando Coruja (PDT-SC) e Pompeo de Mattos (PDT-RS), com o intuito de resolver um debate interno de seu partido, realizaram uma consulta ao TSE buscando dirimir a dúvida acerca da possibilidade, ou não, ante o texto do art. 6º da Lei nº 9.504/1997, vigente à época,[56] da construção de alianças com partidos diferentes na disputa da Presidência da República e no Governo do estado.

A resposta do Tribunal, formalizada na Consulta nº 715/2002, modificou estruturalmente o funcionamento das coligações partidárias para as eleições daquele ano, ao responder negativamente ao questionamento apresentado e estabelecer uma obrigatória congruência entre os pactos nos diferentes níveis federais.

A decisão, conforme demonstra Vitor Ferraz Júnior, dividiu a corte entre uma posição de moderação na sua agência de modificação das

---

[56] "Art. 6º É facultado aos partidos políticos, dentro da mesma circunscrição, celebrar coligações para eleição majoritária, proporcional, ou para ambas, podendo, neste último caso, formar-se mais de uma coligação para a eleição proporcional dentre os partidos que integram a coligação para o pleito majoritário".

regras da disputa eleitoral, liderada pelo Ministro Sepúlveda Pertence, e uma postura de maior protagonismo defendendo a reforma, capitaneada pelo voto do Ministro Nelson Jobim.[57]

O argumento majoritário, que instituiu a verticalização por cinco votos a dois, se estruturou sobre três aspectos centrais: uma analogia do entendimento proferido pela Corte na ocasião da Consulta nº 382/1998, que interpretava o dispositivo legal em questão; o sentido do conceito de "circunscrição eleitoral" expresso no Código Eleitoral e na Lei das Eleições; e o caráter nacional dos partidos políticos.

A compreensão anterior acerca do art. 6º da Lei nº 9.504/97, referenciada pelo Ministro Nelson Jobim, determinava a impossibilidade de os partidos comporem coligações distintas para disputar o cargo de governador ou senador, salvo se fossem uma versão reduzida da outra. Segundo a interpretação do TSE de 1998, a expressão legal "na mesma circunscrição eleitoral" deveria referir-se ao nível federal em que se realizava o pleito. A nova interpretação revê essa noção, conforme expresso pelo próprio ministro:

> Pergunto: O que significa a lei ter facultado a celebração de coligações somente "DENTRO DA MESMA CIRCUNSCRIÇÃO" e, a *contrario sensu*, ter proibido fora da mesma circunscrição? Poder-se-ia iniciar respondendo que é impossível a realização de coligações fora da mesma circunscrição. Nessa hipótese, a expressão "DENTRO DA MESMA CIRCUNSCRIÇÃO" seria inútil. É regra de hermenêutica que a lei não tem expressões inúteis. Essa proibição só faz sentido se – e somente se – ela disser respeito às relações entre as coligações nacionais e as estaduais. Fora disso, não faz sentido. É verdade que os votos dados na eleição para presidente da República não se comunicam com os votos dados na eleição para governador. Da mesma forma, os votos dados para a eleição de governador não se comunicam com os votos dados para eleição de senador, como também não se comunicam com os votos dados para as eleições proporcionais. Todas as quatro são eleições não vinculadas. O eleitor pode votar, em cada uma delas, para candidatos de partidos ou coligações diversas. Por aí a proibição não opera. A proibição contida no art. 6º somente pode ter por objeto a relação entre as coligações nas circunscrições nacional e estadual. Como é evidente, a circunscrição nacional contém a estadual, como esta contém a circunscrição municipal.

---

[57] FERRAZ JUNIOR, Vitor Emanuel Marchetti. *Poder Judiciário e competição política no Brasil*: uma análise das decisões do TSE e do STF sobre as regras eleitorais. 2008. 233 f. Tese (Doutorado em Ciências Sociais: Política) – Pontifícia Universidade Católica de São Paulo, São Paulo, 2008. p. 62.

A nacional abrange a estadual, como a municipal. Dirige-se à proibição de coligações híbridas.

Assim, o Ministro Nelson Jobim não somente modificou o entendimento acerca da amplitude da expressão "circunscrição eleitoral", mas lhe deu interpretação diversa do estabelecido no art. 86 do Código Eleitoral,[58] identificando-a como um sinônimo para estado ou país, possibilitando a compreensão da necessária correspondência da coligação em diferentes esferas federais.

Vale destacar que a nova visão vinha de encontro também ao que era disposto na doutrina nacional. Luís Virgílio Afonso da Silva resume o conceito "à zona que delimita quais votos serão levados em consideração quando da atribuição de mandatos",[59] pensamento que era, até então, pacificado.

Por fim, o voto do referido ministro, reforçado nessa posição pela Ministra Ellen Gracie, indica a verticalização como uma consequência natural do caráter nacional dos partidos políticos definido pela Constituição Federal,[60] que seria incompatível com as coligações híbridas.

O Ministro Sepúlveda Pertence acorda que o debate em questão se insurge como uma continuação do travado na Consulta nº 382/1998, mas observa que a nova posição estaria dando entendimento à ideia de "circunscrição eleitoral" maior do que o legislador havia concebido, sendo a coincidência de data do pleito nacional e estadual meramente incidental.

Em verdade, a Assembleia Nacional Constituinte de 1987 não prescreveu a coincidência das eleições estaduais e nacionais, havendo, inclusive, uma disputa presidencial em separado no ano de 1989, sucedida pela troca de mandatos de governadores, senadores e deputados federais somente em 1990, seguindo o disposto do art. 4º, §1º do Ato das Disposições Constitucionais Transitórias. Apenas por meio da Emenda Constitucional de Revisão nº 5, de junho de 1994, que reduziu o mandato presidencial de cinco para quatro anos, que se firmou o modelo eleitoral bianual como praticado atualmente.

---

[58] "Art. 86. Nas eleições presidenciais, a circunscrição será o país; nas eleições federais e estaduais, o estado; e, nas municipais, o respectivo município".

[59] SILVA, Luís Virgílio Afonso da. *Sistemas eleitorais*. São Paulo: Malheiros, 1999. p. 42.

[60] "Art. 17. É livre a criação, fusão, incorporação e extinção de partidos políticos, resguardados a soberania nacional, o regime democrático, o pluripartidarismo, os direitos fundamentais da pessoa humana e observados os seguintes preceitos: I - caráter nacional; [...]".

Ainda, liderando a posição minoritária, o referido ministro se subleva contra a utilização do argumento do caráter nacional dos partidos políticos, apontando que essa limitação seria exclusivamente para a criação de agremiações estaduais. Em realidade, sob sua visão, estar-se-ia, com a instituição da verticalização, afrontando diretamente a autonomia partidária estabelecida também na Constituição de 1988. Como se observa no trecho a seguir do seu voto:

> constitui um resíduo autoritário – frontalmente incompatível com a clara opção constitucional pela autonomia dos partidos –, tentar impor – por lei ou pela interpretação voluntarista dela – um grau preordenado de maior ou menor centralização política a todos eles, às agremiações de quadro ou de massa, às formadas em torno de um líder nacional carismático como às constituídas pela "federação" de lideranças regionais.

Uma vez mais, o argumento histórico corrobora o apontamento da visão minoritária, demonstrando o caráter de inovação da medida, visto que a definição do caráter nacional dos partidos políticos era interpretada, desde a sua aparição na Lei Agamenon, como um requisito *de jure* para formação da agremiação.[61]

Imperioso mencionar que a esse tempo a disposição da Constituição sobre a autonomia partidária era menos descritiva do que a atual, estando explicitamente assegurada apenas a independência de definir sua "estrutura interna, organização e funcionamento, devendo seus estatutos estabelecer normas de fidelidade e disciplina partidárias".

No entanto, em sua argumentação sistemática, o Ministro Sepúlveda Pertence observa o dispositivo constitucional em consonância ao disposto no art. 7º, da Lei das Eleições, como vigente à época,[62] que estabelecia a possibilidade de supressão das deliberações sobre coligações de convenção partidária de nível inferior pela nacional, apontando que seria incoerente que o mesmo legislador que estabeleceu uma

---

[61] CARVALHO, Valter Rodrigues de; FREITAS, John dos Santos. O caráter nacional dos partidos políticos no direito eleitoral brasileiro. *Cadernos de Pesquisa em Ciência Política*, v. 3, n. 1, p. 6-21, fev. 2014.

[62] "Art. 7º As normas para a escolha e substituição dos candidatos e para a formação de coligações serão estabelecidas no estatuto do partido, observadas as disposições desta Lei. [...] §2º Se a convenção partidária de nível inferior se opuser, na deliberação sobre coligações, às diretrizes legitimamente estabelecidas pela convenção nacional, os órgãos superiores do partido poderão, nos termos do respectivo estatuto, anular a deliberação e os atos dela decorrentes".

suposta verticalização no artigo anterior tivesse vindo a conceber discrepâncias internas no assunto por nível federativo.

A despeito de tais levantamentos, uma maioria formada pelos ministros Nelson Jobim, Fernando Neves, Ellen Gracie, Garcia Vieira e Luiz Carlos Madeira foi composta e considerou a verticalização como interpretação conforme ao art. 6º da Lei nº 9.504/1997.

Em sequência da resposta à consulta, no mês de abril, o TSE editou a Resolução nº 20.993/2002, reafirmando a nova visão sobre o funcionamento das coligações e estabelecendo-a como norma para a eleição de outubro daquele ano. Estipulava a seguinte redação para a regra da verticalização:

> Art. 4º É facultado aos partidos políticos, dentro da mesma circunscrição, celebrar coligações para eleição majoritária, para proporcional, ou para ambas, podendo, neste último caso, formar-se mais de uma coligação para a eleição proporcional entre os partidos políticos que integram a coligação para o pleito majoritário (Lei nº 9.504/97, art. 6º, caput).
> §1º Os partidos políticos que lançarem, isoladamente ou em coligação, candidato/a à eleição de presidente da República não poderão formar coligações para eleição de governador/a de Estado ou do Distrito Federal, senador/a, deputado/a federal e deputado/a estadual ou distrital com partido político que tenha, isoladamente ou em aliança diversa, lançado candidato/a à eleição presidencial (Lei nº 9.504/97, art. 6º; Consulta nº 715, de 26.2.02).

Para Jairo Nicolau, essa será uma das mais polêmicas medidas da história do TSE;[63] em realidade, o *backlash* político é praticamente imediato, reverberando nas manifestações em plenário das duas casas legislativas[64] e abrindo um conflito institucional entre as cortes e o Parlamento.

Os primeiros ajustes à nova regra se deram no dia 26 de março, em virtude da resposta do TSE para cinco consultas realizadas sobre o tema: nº 758/2002, formulada pelo PPB; nº 759/2002, formulada pelo Senador Romero Jucá (PMDB-RO); nº 760/2002, formulada pelo PGT,

---

[63] NICOLAU, Jairo. *Eleições no Brasil*: do Império aos dias atuais. São Paulo: Zahar, 2012. p. 132.

[64] Uma descrição mais detalhada das manifestações políticas nesse sentido pode ser encontrada em NUNES JUNIOR, Amandino Teixeira. *A judicialização da política no Brasil*: análise das decisões do TSE e do STF sobre verticalização das coligações e fidelidade partidária. 2014. 200 f. Tese (Doutorado em Ciência Política) – Universidade de Brasília, Brasília, 2014. p. 81 e ss.

PHS, PSDC, PSL, PST, PTdoB e PTN; nº 762/2002, formulada pelo Senador Geraldo Melo (PMDB-RN); e nº 766/2002, formulada pelo PT. Todas elas questionavam como a norma aplicava-se a partidos que não viessem a constituir coligação presidencial, lançando-se individualmente ou não participando do pleito nacional.

O conjugado das cinco decisões definiu, conforme o entendimento do Ministro relator Fernando Neves, que (a) os partidos que estivessem fora da disputa presidencial poderiam celebrar coligações nas eleições estaduais com partidos que, isolados ou não, concorressem ao pleito presidencial; (b) tais alianças poderiam ser distintas entre as eleições proporcionais e majoritárias, desde que não colocassem adversários nacionais na mesma chapa, bem como respeitassem a simetria definida entre as disputas majoritárias, conforme a regra de 1998; e (c) não havia correspondência necessária entre os pleitos de diferentes unidades federativas, apenas entre estas e a corrida presidencial.

Seguiram o voto do relator os ministros Nelson Jobim, Ellen Gracie, Sálvio de Figueiredo Teixeira, Barros Monteiro e Luiz Carlos Madeira, restando isolado em posição contrária o Ministro Sepúlveda Pertence.

Ironicamente, o defensor da posição vencida contra a instituição da verticalização é quem mantém a defesa de aplicação mais rígida da verticalização, sob o princípio da colegialidade, apontando a contradição entre a flexibilização e o que havia sido estipulado pela Corte um mês antes:

Com efeito:
a) se – conforme o entendimento majoritário da Res./TSE 21.002, à qual, aqui e agora, me mantenho fiel –, na hipótese de eleições gerais, a eleição presidencial e as eleições estaduais se travam ambas numa só e na "mesma circunscrição", o País, e
b) se – conforme a Res./TSE 20.126, que todos nós reafirmamos –, "na mesma circunscrição" para todas as eleições majoritárias simultâneas – isto é, para governador para senadores e também para presidente da República, segundo entendeu a maioria –, somente é admissível uma coligação, a conclusão para mim é inequívoca:
– coligados os partidos A, B e C para a eleição presidencial, para as eleições majoritárias em cada estado só lhes é permitido reproduzir a coligação nacional ou disputar isoladamente as duas, ou aquela em que não seja possível a simetria;
– em qualquer hipótese, A, B, C, nem conjunta, nem isoladamente podem coligar-se com D – ainda que o último não tenha candidato a presidente

da República –, a fim de concorrer no estado às eleições majoritárias ou proporcionais.

Além das consultas, os principais partidos políticos questionaram junto ao STF a verticalização, por meio da ADI nº 2.626/DF, formulada por PT, PCdoB, PL, PSB e PPS, e pela ADI nº 2.628/DF, formulada pelo PFL, ambas reclamando a inconstitucionalidade do art. 4º, §1º, da Resolução nº 20.993/2002 do TSE. Ambas foram julgadas improcedentes no dia 18.4.2002.

A relatora Ministra Ellen Gracie foi acompanhada pelos ministros Maurício Corrêa, Néri da Silveira, Carlos Velloso e Nelson Jobim em seu voto que afirmava o caráter interpretativo e regulamentar da decisão da Corte eleitoral e, portanto, não passível de controle concentrado de constitucionalidade. O Ministro Celso de Mello chega a afirmar a possibilidade concreta da inconstitucionalidade da norma, mas acorda no argumento central pela incapacidade do julgamento de mérito.

Os ministros Sydney Sanches, Sepúlveda Pertence, Marco Aurélio e Ilmar Galvão todos estruturam votos defendendo a procedência das ações. Repetiram os argumentos já apresentados na discussão da Consulta nº 715/2002, sublevando-se contra a alteração das regras em ano de eleições, afirmando o caráter criativo das ações do TSE e reclamando a contradição entre a regra imposta para esse pleito e a vigente no anterior, conforme a própria Consulta nº 318/1998 que também foi utilizada para possibilitar a verticalização.

Vencidas nas Cortes, as principais forças do Legislativo buscaram reverter a medida em seu próprio território. A primeira proposta de reversão da verticalização foi o PL nº 6.256/2002, proposto pelo Deputado Federal Valdemar Costa Neto (PL-SP), prevendo modificação do art. 6º da Lei das Eleições para "restabelecer sua interpretação autêntica". O projeto não avança em sua tramitação.

Ao final, os parlamentares usaram do seu poder de reforma constitucional para tentar retornar à interpretação original da regra de coligações. A PEC nº 4/2002, de autoria do Senador Bernardo Cabral (PFL-AM), passaria por rápida tramitação no Senado, mas levaria quatro anos para ser aprovada na Câmara dos Deputados, promulgada em março de 2006 como a Emenda Constitucional nº 52.

O texto concordado foi enxuto e prescrevia a derrubada da verticalização com aplicação imediata, já para o pleito daquele ano:

Art. 1º O §1º do art. 17 da Constituição Federal passa a vigorar com a seguinte redação:
"Art. 17. ....
....

§1º É assegurada aos partidos políticos autonomia para definir sua estrutura interna, organização e funcionamento e para adotar os critérios de escolha e o regime de suas coligações eleitorais, sem obrigatoriedade de vinculação entre as candidaturas em âmbito nacional, estadual, distrital ou municipal, devendo seus estatutos estabelecer normas de disciplina e fidelidade partidária.
....
............". (NR)

Art. 2º Esta Emenda Constitucional entra em vigor na data de sua publicação, aplicando-se às eleições que ocorrerão no ano de 2002.

No entanto, em virtude da ADI nº 3.865, ajuizada pelo Conselho Federal da OAB, o segundo artigo da emenda perderia seu efeito, considerado inconstitucional por afrontar o princípio da anterioridade eleitoral. Desta maneira, a verticalização foi banida do sistema eleitoral brasileiro, mas ainda valeria na eleição de 2006.[65]

As discordâncias acerca da constitucionalidade da verticalização e seu legado são, também, fartas na doutrina especializada. Para Monica Herman Salem Caggiano, a imposição da regra feriu a autonomia partidária e era matéria de discussão reservada à lei.[66] Já segundo Eneida Desiree Salgado, a verticalização foi uma inovação instituída pelo TSE com profundas alterações nas regras do jogo democrático e afastando o dispositivo constitucional.[67]

Conforme Augusto Aras, no entanto, os parlamentares legislam em "causa própria" na matéria eleitoral e a ação do Poder Judiciário foi uma "medida de natureza intencionalmente preventiva".[68] André Ramos Tavares defende a aplicação estrita da verticalização, conforme defendida pelo Ministro Sepúlveda Pertence nos julgamentos das

---

[65] Uma descrição mais minuciosa sobre os eventos narrados nessas páginas pode ser encontrada em REIS, Daniel Gustavo Falcão Pimentel. *O ativismo judicial no Brasil*: o caso da verticalização. 2014. 306 f. Tese (Doutorado em Direito do Estado) – Universidade de São Paulo, São Paulo, 2014. p. 174 e ss.

[66] CAGGIANO, Monica Herman Salem. *Direito parlamentar e direito eleitoral*. Barueri: Manole, 2004. p. 92.

[67] SALGADO, Eneida Desiree. *Princípios constitucionais eleitorais*. Belo Horizonte: Fórum, 2010. p. 308.

[68] ARAS, Augusto. *Fidelidade partidária*: a perda de mandato parlamentar. Rio de Janeiro: Lumen Juris, 2006. p. 197.

consultas nºs 758/2002, 759/2002, 760/2002, 762/2002 e 766/2002, e acredita que o STF errou ao não decretar a completa inconstitucionalidade da Emenda Constitucional nº 52.[69]

Realidade curiosa e contraintuitiva, no entanto, é de que a verticalização não conseguiu restringir o processo de aumento das coligações e as aproximações entre agremiações de diferentes espectros ideológicos, verificando-se – inclusive – um leve aumento dessas no período.[70] Independentemente da constitucionalidade da medida, é certo que ela falhou no seu intento de moralizar a disputa política.

Esse debate, no entanto, poderia ter caído no esquecimento da história eleitoral brasileira, não fosse o estabelecimento das federações pela Lei nº 14.208/2021, de caráter nacional e aplicação nas diversas esferas federativas, o que é considerado por muitos como uma réplica da antiga verticalização.

É certo que os institutos não são de todo iguais, afinal, a despeito da restrição de alianças partidárias em pleitos proporcionais estipulada pela Emenda Constitucional nº 97/2017, as coligações não foram banidas do sistema jurídico brasileiro e podem funcionar em convivência com as federações.

Da mesma maneira, há de se mencionar que as federações não somente restringem as alianças nos diversos níveis federativos, mas as definem desde logo, inclusive nas disputas municipais, perante as quais a regra da verticalização não tinha efeito.

A justificativa do PLS nº 477/2015, a partir do qual se originou a Lei nº 14.208/2021, expressava a visão do legislador pela diferença entre os dois mecanismos, ou, ao menos, sua ciência de que tal dúvida seria suscitada nas Cortes:

> Diferentemente das coligações, cuja constituição se encerra no momento da proclamação dos eleitos, as federações de partidos mantêm compromisso com o exercício do poder político compartilhado no Parlamento, por parte dos partidos que a integram. Federações de partidos precisam mostrar identidade programática, registro na Justiça Eleitoral e, na forma proposta, vínculo de ao menos quatro anos. (PLS nº 477/2015)

---

[69] TAVARES, André Ramos. *Curso de direito constitucional*. 18. ed. São Paulo: Saraiva, 2020. p. 773.

[70] MIRANDA, Geralda Luiza de. Coligações eleitorais: tendências e racionalidades nas eleições federais e majoritárias estaduais (1990-2010). *Revista de Sociologia e Política*, v. 21, n. 47, p. 69-90, set. 2013.

Isaac Kofi Medeiros aduz que o novo instituto seria um "meio-termo" entre a completa abolição das coligações proporcionais e a liberdade irrestrita que vigia antes dela, criando mais coesão programática no sistema.[71]

Todavia, é na similitude entre os institutos que se baseia a ADI nº 7.021/DF, a qual, partindo da consideração de que as federações são uma reprodução falseada do mecanismo de coligações, argui pela inconstitucionalidade explícita da verticalização já instituída na Emenda Constitucional nº 52.

Em decisão monocrática, datada de 8.12.2021, o Ministro Luís Roberto Barroso recusou essa aproximação, assim exarando a constitucionalidade das federações e passando ao largo do debate sobre a verticalização, argumentando o seguinte:

> 18. De fato, tais previsões tornam improvável a utilização da federação apenas para fins eleitorais, ou seja, apenas para viabilizar a transferência de votos, sem qualquer identidade ideológica entre partidos, que era o problema central da formação das coligações partidárias no sistema proporcional. Isso porque eventuais partidos reunidos em federação terão de permanecer atuando conjuntamente após as eleições, em todos os níveis, no exercício dos mandatos e nas votações dos distintos temas. Além disso, tal união alcançará as eleições subsequentes, que ocorrerão 2 (dois) anos mais tarde. Por fim, as penalidades aplicáveis ao desligamento antecipado de um partido podem impactá-lo gravemente, impedindo a celebração de coligações e o uso do fundo partidário, até que se complete o período mínimo remanescente desde seu ingresso na federação

A decisão do Ministro Luís Roberto Barroso permitiu o avanço da questão com a formulação da Resolução nº 23.670/2021 do TSE, que pretende tornar mais nítidas as regras para a formação e atuação das federações.

Na manifestação da AGU nos autos do processo, assinada por José Affonso de Albuquerque Netto, seguiu-se o mesmo entendimento:

> 8. Observa-se que a federação difere da coligação, uma vez que esse novo instituto cria uma espécie de agremiação partidária única com

---

[71] MEDEIROS, Isaac Kofi. O que são federações partidárias e como elas podem impactar as eleições. *Consultor Jurídico*, 10 out. 2021. Opinião. Disponível em: https://www.conjur.com.br/2021-out-10/medeiros-federacoes-partidarias-impacto-eleicoes. Acesso em 31 dez. 2021.

abrangência nacional, no qual os partidos atuam de forma dependente e pelo prazo mínimo de 4 anos (abarcando todo o mandato das eleições proporcionais). Nos termos do "caput" e do §1º do art. 11-A da Lei nº 9096/95, introduzido pela lei impugnada, os partidos políticos que se reunirem em federação atuarão como se fosse uma única agremiação partidária, com aplicação das normas que regem o funcionamento parlamentar e a fidelidade partidária.

Roberta Gresta avalia a atuação das Cortes nesse caso como "cirúrgica", preservando a escolha do Congresso e reduzindo a disfuncionalidade do nosso sistema partidário.[72]

A posição do relator foi referendada pela Corte Constitucional no dia 9.2.2022,[73] sendo esse acompanhado em seu voto pelos ministros André Mendonça, Alexandre de Moraes, Edson Fachin, Rosa Weber e Luiz Fux. A argumentação central repetiu em diferentes formatos a diferenciação entre as coligações e as federações, reconhecendo três principais características que as distinguem: a estabilidade temporal das novas alianças; os incentivos para os pactos buscarem um diálogo e ideário comum, especialmente em virtude da necessidade de consolidação de um estatuto e programa próprios; e a vinculação da atividade parlamentar no decorrer dos mandatos.

Ainda que uma divergência tenha sido aberta pelo Ministro Gilmar Mendes em torno do prazo máximo para consolidação de novas federações em tempo hábil para participar das eleições de 2022, tendo sido acompanhado nessa posição por Dias Toffoli, Cármen Lúcia e Ricardo Lewandowski, houve concordância desses magistrados na constitucionalidade do instituto.

Na posição contrária restou a defesa isolada do Ministro Kassio Nunes Marques, que abriu seu voto reconhecendo que existem diferenças entre as coligações e as federações, mas que essas não seriam suficientes para resolver a distorção fundamental que provocavam no sistema proporcional.

Enquanto a maioria dos membros da Corte usaram metáforas envolvendo relacionamentos para se referir aos novos pactos, como

---

[72] GRESTA, Roberta. Federação de partidos políticos: o que muda para 2022? *UOL Notícias*, 15 dez. 2021. Abradep. Disponível em: https://noticias.uol.com.br/colunas/abradep/2021/12/15/federacao-de-partidos-politicos-o-que-muda-para-2022.htm. Acesso em: 31 dez. 2021.

[73] A decisão, ainda sem consolidação de um acórdão escrito, foi transmitida pela TV Justiça na data do julgamento (Disponível em: https://www.youtube.com/watch?v=2rhPLuEiQk4&ab_channel=STF).

namoros, noivados ou uniões estáveis que precedem o casamento – ou fusão – das agremiações, para o defensor da posição minoritária, elas seriam *joint ventures* partidárias, ou seja, uniões com riscos formalizadas para aproveitamento de oportunidades comerciais ou, nesse caso, eleitorais. Segundo sua argumentação, já existem mecanismos para unir forças no decorrer de uma legislatura, bem como a própria fusão seria o meio mais certeiro para que pequenas legendas se unificassem a despeito de suas pequenas divergências. Reabrir a possibilidade de uma nominata eleitoral única, por sua vez, iria apenas fragilizar ainda mais os partidos, elemento central do sistema político brasileiro.

Por fim, para o Ministro Kassio, esse sistema abrange o momento eleitoral e vai além deste. Durante os pleitos proporcionais, o caráter partidário dos seus mecanismos fica em evidência, pois não é possível votar em um candidato sem votar também em seu partido, enquanto o contrário é permitido. Mas mesmo após esse momento, existe uma divisão de poderes políticos, como no exercício parlamentar ou na legitimidade ativa para reclamar questões em controle de constitucionalidade concentrado, que a Constituição Federal reservou aos partidos políticos, restando o silêncio sobre outras ferramentas similares. Assim, não caberia ao legislador infraconstitucional modificar essa distribuição arquitetada pelo constituinte.

Com a decisão majoritária exarada pela Suprema Corte nessa ocasião, a constitucionalidade do instituto foi garantida,[74] ao menos por enquanto, e a aproximação da ideia de verticalização com a exigência de correspondência de alianças nos diferentes estados das federações foi afastada. Os efeitos disso no sistema político pátrio, se os mesmos de duas décadas atrás ou mais promissores, cabe ao tempo dizer.

---

[74] Ratificando essa tese, tem-se o estudo de Guilherme Salles Gonçalves: "A partir dessas premissas, é possível concluir que a verticalização da atuação eleitoral por todo o tempo de duração da Federação é constitucional, à medida que os partidos possuem plena autonomia para deliberar sobre a formação da Federação Partidária, sendo que, caso decidam pela união e o pedido seja deferido, deverão atuar como se fosse uma única agremiação nos âmbitos estaduais (ou distrital) e municipais, por todo o prazo de duração dessa Federação Partidária" (GONÇALVES, Guilherme de Salles. A constitucionalidade da verticalização regional das candidaturas nas federações partidárias: uma análise à luz da construção jurisprudencial do TSE e do STF. *In*: BARROS, Ezikelly; MALDONADO, Helio. *Federação de partidos* – Coletânea de artigos sobre a aplicação da Lei n. 14.208/2021. Brasília: Abradep – Academia Brasileira de Direito Eleitoral e Político, 2022. v. 1. p. 244).

3.2 Vinculação quadrienal e as eleições municipais

A curta temporalidade das coligações eleitorais, somadas a um sistema proporcional de lista aberta, não somente era um ponto de profundo debate político antes da reforma eleitoral de 2016, mas inclusive de suspeita inconstitucionalidade, para a qual o mecanismo das federações já era sugerido como solução.[75]

Um caminho sugerido para solucionar a questão era a PEC nº 352/2013, considerada prejudicada em 2015, a qual pretendia estabelecer blocos parlamentares obrigatórios relativos às coligações realizadas no pleito referente àquela legislatura, portanto sem uma vinculação direta entre eleições federais, estaduais e municipais.

Outra tentativa de ordem legal para introdução de tal instituto no universo eleitoral brasileiro que não foi efetivada, o PL nº 2679/2003, estabelecia o prazo mínimo de três anos para as federações, sob pena de perda do *funcionamento parlamentar* ao partido que rompesse o pacto de forma antecipada, de maneira que os pleitos municipais também eram afetados pelos acordos feitos em ano de eleição geral. A proposta, no entanto, jamais passou por uma análise de constitucionalidade.

Com o advento da Lei nº 14.208/2021, uma série de novos debates voltam à tona, incluindo qual seria o arranjo federativo no ambiente de uma eleição municipal.

O novo art. 11-A, §3º, inc. IV, da Lei dos Partidos Políticos definiu "abrangência nacional" para o registro das novas alianças:

> Art. 11-A. Dois ou mais partidos políticos poderão reunir-se em federação, a qual, após sua constituição e respectivo registro perante o Tribunal Superior Eleitoral, atuará como se fosse uma única agremiação partidária.
> [...]
> §3º A criação de federação obedecerá às seguintes regras: [...]
> IV - a federação terá abrangência nacional e seu registro será encaminhado ao Tribunal Superior Eleitoral.

Cabe, entretanto, interpretar o que se compreende com a expressão "nacional" no dispositivo legal: estaria a ser ressuscitada a ideia de circunscrição única defendida pelo Ministro Nelson Jobim à época

---

[75] SILVA, Matheus Passos. A inconstitucionalidade da temporalidade das coligações partidárias no atual quadro jurídico brasileiro. *Estudos Eleitorais*, Brasília, v. 10, n. 2, p. 130-152, maio/ago. 2015.

da verticalização, ou estariam estados e municípios desobrigados dos pactos feitos pelas direções nacionais? Ou, ainda, estaria se estabelecendo nova regra que não se vincula aos entendimentos anteriores? Na já mencionada decisão concebida pelo Ministro Luís Roberto Barroso na ADI nº 7.021/DF, compreendeu-se pela correspondência entre as diferentes esferas:

> 17. Todavia, a Lei nº 14.208/2021, que disciplinou a federação, previu que ela terá suas regras estabelecidas em estatuto, contará com programa comum e terá abrangência nacional, vinculando a atuação das agremiações que a compõem em todos as esferas, nacional, estadual e municipal (art. 11-A, §3º, II e IV). Determinou que os partidos que a integrarem deverão permanecer filiados a ela por, no mínimo, 4 (quatro) anos. Previu que o descumprimento do referido prazo mínimo acarretará ao partido uma vedação de ingressar em nova federação, de celebrar coligação nas 2 (duas) eleições majoritárias seguintes e de utilizar o fundo partidário, até completar o prazo mínimo remanescente previsto para a federação (art. 11-A, §4º). A Lei previu, ainda, que se aplicam à federação todas as normas que regem o funcionamento parlamentar, bem como o dever de fidelidade partidária (art. 11-A, caput e §9º).

Nesse mesmo sentido, a Resolução nº 23.670/2021 do TSE, em seu art. 9º, *caput*, regulamentou a possibilidade de representação singular da federação em locais em que apenas um dos partidos esteja presente:

> Art. 9º Nos estados, no Distrito Federal e nos municípios, o funcionamento da federação não dependerá de constituição de órgãos próprios, bastando que exista, na localidade, órgão partidário de algum dos partidos que a compõem.

Assim, ao se verificar a produção de efeitos similares ao da antiga verticalização, é quase natural buscar uma correlação entre os dois institutos e acusar a nova legislação de ser um retorno dissimulado das coligações proporcionais, como fez o Diretório Nacional do PTB na já referida ADI. No entanto, é notável observar que existe uma diferença fundamental no tratamento dado às eleições municipais perante cada uma das inovações.

A regra de 2002 não somente estabelecia possíveis diferenças entre as alianças feitas nas mais variadas unidades da federação, ao contrário do estabelecido com as federações partidárias, mas também não se aplicava aos pleitos municipais. A questão foi resolvida também por meio de uma Consulta ao TSE, de nº 901/2003, formulada pelo Deputado Federal Jorge Alberto (PMDB-SE), na qual, em votação unânime, acatou-se a posição do Relator Ministro Fernando Neves de que nas eleições de 2004 o eleitor votaria somente na circunscrição municipal.

O curioso sobre essa decisão, reforçada na Consulta nº 930/2003, é que ela vai de direto encontro à *ratio decidendi* que estabeleceu a verticalização em primeiro lugar, que afirmava uma circunscrição unificada no território nacional.

Em vista do exposto, é possível compreender a leitura dada ao caráter "nacional" das federações de duas formas. Na primeira alternativa, se o Ministro Luís Roberto Barroso compreende uma circunscrição eleitoral unificada com diferentes esferas, volta-se ao debate sobre a verticalização e os conflitantes entendimentos do TSE e STF. Isso, por si só, não determina a imediata inconstitucionalidade da compreensão, podendo, ao contrário, ser uma oportunidade de dar enfim uma definição final sobre a questão do limite circunscricional dos pleitos.

No entanto, como já observado anteriormente, a verticalização foi construída em arrepio da legislação vigente e da doutrina. Tão logo caiu a medida, os tribunais voltaram a se pautar pela antiga conceituação de circunscrição eleitoral, como atesta o próprio glossário disponibilizado no *site* do TSE[76] que, a partir da visão de Saïd Farhat, determina a divisão entre os pleitos nacionais, estaduais e municipais.[77]

Assim, em uma segunda opção hermenêutica, que parece mais afim com o todo da decisão monocrática mencionada que estabelece rígida diferença entre coligações e federações, bem como respeitaria as decisões e disposições doutrinárias mais recentes, estaríamos frente a uma nova regra que nada teria a dever ao antigo debate. A "abrangência nacional" mencionada estaria a se referir às três circunscrições eleitorais e, portanto, teria um efeito até mais restritivo do que o da verticalização.

Cabe observar, no entanto, que isso tampouco responde ao dilema de constitucionalidade apresentado, em vista de que, nas normativas e decisões até aqui externadas, há uma lacuna sobre as possibilidades de conflito interno nas agremiações, cabendo aos diretórios nacionais

---

[76] Disponível em: https://www.tse.jus.br/eleitor/glossario/glossario-eleitoral. Acesso em: 4 jan. 2022.

[77] FARHAT, Saïd. *Dicionário parlamentar e político*: o processo político e legislativo no Brasil. São Paulo: Melhoramentos; Fundação Peirópolis, 1996. p. 121.

tomar unilateralmente a decisão de pactuação de uma federação, sem qualquer mediação prevista.

Já à época da verticalização se arguiu, ainda que este tenha sido um argumento pouco aproveitado nas Cortes, que a correspondência obrigatória no campo das alianças eleitorais entre diferentes níveis circunscricionais afrontaria o princípio constitucional federativo, estabelecido no art. 1º da Constituição Federal.[78]

Destaca-se que, no caso do Estado brasileiro, os municípios também integram a federação como uma unidade própria, característica incomum no plano internacional, definido por Paulo Bonavides como uma "inovação mundial".[79]

Imperioso aludir que, a despeito de não possuir uma definição concreta facilmente extraída do dispositivo constitucional, enquanto uma norma com tal *status*, o princípio federativo possui força normativa superior aos da legalidade e da eficácia imediata, como assevera Alfredo Buzaid:

> A substância das normas constitucionais é sempre a mesma e a sua índole resulta não tanto do conteúdo do preceito quanto da forma de sua elaboração. Pode dizer-se que é constitucional toda norma que foi editada pelo Poder Constituinte e faz parte integrante da Constituição. Errôneo é, portanto, pretender distinguir, numa Constituição, cláusulas mandatórias e diretórias, programáticas ou de orientação, atribuindo-lhes eficácia jurídica diversa. O problema, pelo menos do ponto de vista da declaração de inconstitucionalidade, não está, pois, em verificar a maior ou menor autoridade das normas constitucionais.[80]

Portanto, enquanto princípio fundamental da República, o caráter federativo do Estado brasileiro deve ser considerado na integração da regra das federações partidárias ao sistema legal pátrio.

Como um mandamento nuclear do sistema jurídico deteria função de fundamentar novos dispositivos e balizar o ordenamento; harmonizar e conferir coerência lógica à complexidade desta estrutura; nortear a

---

[78] MONTEIRO, Maurício Gentil. A "verticalização" das coligações partidárias nas eleições gerais de 2002. *Semestre Eleitoral*, Salvador, v. 7, n. 1, p. 29-44, jan./dez. 2003.
[79] BONAVIDES, Paulo. *Curso de direito constitucional*. 29. ed. São Paulo: Malheiros, 2014. p. 352.
[80] BUZAID, Alfredo. *Da ação direta de declaração de inconstitucionalidade no direito brasileiro*. São Paulo: Saraiva, 1958. p. 49.

interpretação de normas; e cumprindo função subsidiária para o preenchimento de lacunas.[81]

Dessa maneira, havendo um questionamento legítimo acerca das possibilidades interpretativas da Lei nº 14.208/2021, além de uma inovação normativa que contraria a tradição histórica de nosso sistema eleitoral, é razoável propor uma visão *conforme* ao princípio federativo.

Ainda que se utilize a famosa conceituação de princípio de Robert Alexy, como mandados de otimização passíveis de ponderação ante o conflito normativo,[82] é necessário ponderar sob qual outro princípio poderia haver um choque, visto que a maioria das argumentações favoráveis à correspondência das alianças em diferentes níveis aduz a uma suposta "moralidade pública" que possui fundamentação constitucional questionável.

É possível defender, ainda, que interferir na forma pela qual os partidos decidem fazer seus pactos seria uma ofensa à autonomia partidária prevista no art. 17, §1º, da Constituição Federal, afinal já existem mecanismos para os diretórios nacionais limitarem suas contrapartes locais no espectro de coligações, e isso é aceito em nosso ordenamento jurídico. Além disso, a nova regra determina que os partidos federados estipulem regras para sua atuação por meio de um estatuto, que deve deter a mesma liberdade de concepção.

No entanto, há de se contrapor a referida normativa com a exigência, igualmente presente no texto constitucional, de uma democracia intrapartidária, como uma premissa de autenticidade do regime estatal e uma concreta manifestação de consentimento cidadão. Afinal, se a soberania popular é expressa nos votos para os partidos, é o mínimo que se exija deles que sigam práticas de disputa e construção programática pautadas nos mesmos princípios do sistema político vigente.[83]

Sob a mesma premissa, em um sistema federado a disposição de que as direções políticas regionais e locais tenham voz na forma como

---

[81] BANDEIRA DE MELLO, Celso Antônio. *Conteúdo jurídico do princípio da igualdade*. 3. ed. São Paulo: Malheiros, 2000.

[82] ALEXY, Robert. *Teoría de los derechos fundamentales*. Madrid: Centro de Estudios Constitucionales, 1993.

[83] SALGADO, Eneida Desiree; PÉREZ HUALDE, Alejandro. A democracia interna dos partidos políticos como premissa da autenticidade democrática. *A&C – Revista de Direito Administrativo & Constitucional*, Belo Horizonte, ano 15, n. 60, p. 63-83, abr./jun. 2015.

as decisões que lhes influenciam são tomadas faz parte de um requisito mínimo de democracia interna.[84]

É certo, porém, que ao se assumir esses critérios como fatores de inconstitucionalidade da Lei nº 14.208/2021, ainda assim não se estaria diante de um vício completo. Pois, como já asseverado, se está sob a disposição de uma nova regra que determina a vinculação das circunscrições eleitorais somente seguindo determinadas regras específicas para a formação da federação, estando os diretórios regionais e locais livres inclusive para constituir coligações majoritárias se em acordo com as demais agremiações do pacto.

Dessa maneira, se houver consideração de inconstitucionalidade em virtude da falta de participação desses órgãos na decisão de constituição da aliança, essa deveria recair unicamente sobre o novo art. 11-A, §6º, inc. I, da Lei dos Partidos Políticos:

> Art. 11-A. Dois ou mais partidos políticos poderão reunir-se em federação, a qual, após sua constituição e respectivo registro perante o Tribunal Superior Eleitoral, atuará como se fosse uma única agremiação partidária. [...]
> §6º O pedido de registro de federação de partidos encaminhado ao Tribunal Superior Eleitoral será acompanhado dos seguintes documentos: I - cópia da resolução tomada pela maioria absoluta dos votos dos órgãos de deliberação nacional de cada um dos partidos integrantes da federação; [...].

Outra possibilidade hermenêutica seria a desvinculação total do caráter nacional da federação e a supressão do já mencionado §3º, inc. IV, medida que esvaziaria de sentido o novo instituto, tornando-o apenas em um instrumento para possibilitar novamente as coligações proporcionais, então fazendo jus às críticas de seus opositores.

No entanto, a aferição de uma constitucionalidade sem ressalvas, mantendo o vício democrático demarcado, conforme está apontado pelas manifestações do STF e TSE até o momento, pode causar aprofundamento em um sistema de disputa política, restringido a algumas elites partidárias que se autoalimentam.

---

[84] SALGADO, Eneida Desiree. Índice de democracia intrapartidária. Uma proposta de mensuração a partir dos estatutos dos partidos políticos brasileiros. 2019. 66 p. Relatório (Pós-Doutorado) – Setor de Ciências Humanas, Universidade Federal do Paraná, 2019. p. 33.

Em suma, ainda que o modelo de federações instituído pela Lei nº 14.208/2021 tenha se construído com o intuito de racionalizar o sistema eleitoral e resolver inconstitucionalidades referentes ao formato de coligações historicamente consolidado nacionalmente, traz consigo também diversas dúvidas acerca de sua aplicabilidade nos pleitos municipais.

Em realidade, as potenciais inconstitucionalidades já aventadas não se referem ao centro da exigência de cumprimento da federação em esfera municipal, mas sobre questões tangentes, como a antiga discussão da verticalização que gerou uma série de precedentes conflitantes e a falta de voz dos diretórios regionais e locais acerca da constituição das alianças.

3.3 Migração de parlamentares para siglas que compõem a federação: fundo partidário e tempo de rádio e TV

A realidade de mudanças constantes entre legendas e de certa confusão programática dos partidos políticos é emergência recente na história brasileira. No último período democrático, entre 1945 e 1964, havia poucas trocas de agremiação por parte dos parlamentares. Em realidade, a abertura legislativa que começou em 1980 para possibilitar o rearranjo partidário deu-se principalmente em razão do desmembramento do MDB no contexto de reabertura democrática, como uma manobra de enfraquecimento da oposição ao regime.[85]

A reorganização do multipartidarismo, junto do complexo jogo de coligações e voto em legenda já mencionados, pressionaram uma mudança geral nesse caminho e, com a Emenda Constitucional nº 25/1985, que retirou a fidelidade partidária do texto constitucional, houve uma acentuação da migração.[86]

O conceito voltaria a ganhar o *status* com a Constituição de 1988, por meio do §1º do art. 17, mas sem muito prestígio. Se por um lado é possível que a infidelidade partidária, que atente contra o programa ou normativa intrapartidária, leve à expulsão do filiado, essa não se converte em perda do mandato eletivo, como assevera a Consulta do TSE

---

[85] NICOLAU, Jairo. *Multipartidarismo e democracia*: um estudo sobre o sistema partidário brasileiro. Rio de Janeiro: FGV, 1996. p. 63.
[86] TAVARES, José Antônio Giusti. *O sistema partidário na consolidação da democracia brasileira*. Brasília: Instituto Teotônio Vilela, 2003. p. 214.

nº 27.785/2015 e a resposta da mesma corte ao Agravo de Instrumento em Recurso Especial Eleitoral nº 3.889-07/RJ, julgado em 2011.[87]

Em vista disso, muitas propostas de reforma política se construíram tendo como um de seus eixos uma reconstrução da ideia de fidelidade partidária. Assim, há um constante esforço teórico em apaziguar os nocivos efeitos da fragmentação e o baixo teor programático do debate político pátrio.[88]

Contudo, além das possibilidades de rompimento interno das normativas estatutárias, a infidelidade partidária também se refere ao ato de abandono da legenda, situação que, diferente da primeira, é punida com a perda de mandato se *injustificada*. Clèmerson Clève e Ana Carolina Clève apontam que o vínculo entre o detentor do cargo eletivo e sua agremiação tem, portanto, um dúplice caráter,[89] mesmo que apenas a migração receba extensiva atenção da doutrina e da jurisprudência.[90]

O debate doutrinário da questão se assenta especialmente sobre a natureza do mandato eletivo, se partidário, imperativo ou representativo.[91] Enquanto os partidos políticos possuem o monopólio da apresentação de candidaturas, vedada a candidatura individual, o voto do eleitor é dado a uma pessoa específica. O resultado da eleição também é definido por esses dois fatores, as cadeiras são divididas entre as legendas em disputa, mas a ordem dos eleitos é determinada pelo voto direto. Afinal, pertence o mandato ao parlamentar ou à agremiação?

---

[87] PIETZACK, Juliano Glinski; NAKAMURA, Erick Kiyoshi. Expulsão de partido. *In*: SOUZA, Cláudio André de; ALVIM, Frederico Franco; BARREIROS NETO, Jaime; DANTAS, Humberto (Coord.). *Dicionário das eleições*. 1. ed. Curitiba: Juruá, 2020. v. 1. p. 312-313.

[88] SANTANO, Ana Cláudia. A fidelidade partidária: moralização da política ou impedimento do exercício de direitos individuais? *Revista IOB de Direito Administrativo*, v. 2, n. 24, p. 186-203, dez. 2007.

[89] CLÈVE, Clèmerson Merlin; CLÈVE, Ana Carolina de Camargo. A evolução da fidelidade partidária na jurisprudência do Supremo Tribunal Federal. *In*: KEPPEN, Luiz Fernando Tomasi; SALGADO, Eneida Desiree (Org.). *Direito eleitoral contemporâneo*: 70 anos da redemocratização pós-ditadura Vargas e da reinstalação da Justiça Eleitoral. Curitiba: TRE-PR, 2016. p. 15-29.

[90] Para uma minuciosa análise e retrospectiva desse caminho jurisprudencial ver BRANDÃO, Juliano Ribeiro; MATTOS, Karina Denari Gomes; MENDES, Marcelo Doval; SERAU JUNIOR, Marco Aurélio. Fidelidade partidária: análise crítica da jurisprudência do Supremo Tribunal Federal. *Revista do TRF3*, n. 117, p. 47-64, abr./jun. 2013.

[91] MEZZAROBA, Orides. *Introdução ao direito partidário brasileiro*. 2. ed. Rio de Janeiro: Lumen Juris, 2004. p. 276.

Segundo Gilmar Mendes, Inocêncio Coelho e Paulo Branco:

> Se considerarmos a exigência da filiação partidária como condição de elegibilidade e a participação do voto de legenda na eleição do candidato, tendo em vista o modelo eleitoral proporcional adotado para as eleições parlamentares, parece certo que a permanência do parlamentar na legenda pela qual foi eleito torna-se condição imprescindível para a manutenção do próprio mandato.[92]

Essa tese também é defendida por Augusto Aras, que a nomeia de "mandato representativo partidário",[93] sob a perspectiva de que o eleitor em última instância escolhe, intencionalmente ou não, os partidos políticos. Assim, visto que "o modelo de democracia representativa adotada pela Constituição qualifica o mandato como eminentemente representativo da vontade popular (deputados) e dos entes federativos (senadores)",[94] cabe ao parlamentar cumprir a vontade do representado por meio do programa político estabelecido na instância partidária.

Para Eneida Desiree Salgado, por sua vez, é exatamente esse caráter de representação popular do mandatário, como voz de toda a nação e não somente de seus eleitores, que impossibilita a perda de mandato por infidelidade. Afinal, se a Constituição brasileira tomou uma decisão eloquente sobre o caráter deliberativo da democracia nacional, cabe aos parlamentares construir enquanto coletividade um raciocínio único, colocando-se em posição de convencimento para com seus pares, o que implica um princípio constitucional pela liberdade para o exercício do mandato.[95]

Segundo esse entendimento, o mandato seria do parlamentar em função do partido, "compondo espécie de condomínio" entre esses agentes.[96]

---

[92] MENDES, Gilmar Ferreira; COELHO, Inocêncio Mártires; BRANCO, Paulo Gustavo Gonet. *Curso de direito constitucional*. 2. ed. São Paulo: Saraiva, 2008. p. 771.

[93] ARAS, Augusto. *Fidelidade partidária*: efetividade e aplicabilidade. Rio de Janeiro: GZ, 2016.

[94] MENDES, Gilmar Ferreira; COELHO, Inocêncio Mártires; BRANCO, Paulo Gustavo Gonet. *Curso de direito constitucional*. 2. ed. São Paulo: Saraiva, 2008. p. 771.

[95] SALGADO, Eneida Desiree. *Princípios constitucionais eleitorais*. Belo Horizonte: Fórum, 2010. p. 143.

[96] CLÈVE, Clèmerson Merlin; CLÈVE, Ana Carolina de Camargo. A evolução da fidelidade partidária na jurisprudência do Supremo Tribunal Federal. *In*: KEPPEN, Luiz Fernando Tomasi; SALGADO, Eneida Desiree (Org.). *Direito eleitoral contemporâneo*: 70 anos da redemocratização pós-ditadura Vargas e da reinstalação da Justiça Eleitoral. Curitiba: TRE-PR, 2016. p. 18.

Assim, no tocante à fidelidade partidária, há uma tensão que envolve (i) a natureza do mandato (princípio da democracia representativa), (ii) a liberdade de consciência (direito fundamental) e, finalmente, (iii) o princípio da fidelidade partidária, considerada enquanto lealdade ao partido.[97]

Esse debate teve repercussões nos tribunais de maneira muito mais saliente que a infidelidade às normativas estatutárias. Em 1989, na discussão em torno do Mandado de Segurança nº 20.927, o STF determinou que a troca de legenda não repercutia na perda do mandato, precedente que resistiu por 18 anos.

A decisão teria seus efeitos questionados apenas em 2007, por meio da Consulta nº 1.389 ao TSE, na qual o relator Ministro Cezar Asfor Rocha apontou:

> não há nenhuma dúvida, quer no plano jurídico, quer no plano prático, que o vínculo de um candidato ao Partido pelo qual se registra e disputa uma eleição é o mais forre, se não o único, elemento de uma identidade política, podendo ser afirmado que o candidato não existe fora do Partido Político e nenhuma candidatura é possível fora da bandeira partidária. Por conseguinte, parece-me equivocada e mesmo injurídica a suposição de que o mandato político eletivo pertence ao indivíduo eleito, pois isso equivale a dizer que ele, o candidato eleito, se teria tornado senhor e possuidor de uma parcela da soberania popular.

Na Consulta nº 1.423/2007, a posição foi reafirmada com o acréscimo de que, sendo o mandato partidário, o parlamentar o perderia mesmo se migrasse para uma agremiação coligada com a original no último pleito.

A partir de tais decisões, o PPS, o PSDB e o Democratas reclamaram à mesa da Câmara Federal pedidos de declaração de vacância das cadeiras ocupadas por indivíduos que haviam abandonado suas fileiras, sendo rejeitados. Contra essa negativa impetraram os mandados de segurança nºs 26.002, 26.003 e 26.004 perante o STF, havendo confirmação do entendimento do TSE por uma maioria daquela instância máxima, havendo, contudo, a garantia da desfiliação por *justa causa*.

---

[97] CLÈVE, Clèmerson Merlin; CLÈVE, Ana Carolina de Camargo. A evolução da fidelidade partidária na jurisprudência do Supremo Tribunal Federal. *In*: KEPPEN, Luiz Fernando Tomasi; SALGADO, Eneida Desiree (Org.). *Direito eleitoral contemporâneo*: 70 anos da redemocratização pós-ditadura Vargas e da reinstalação da Justiça Eleitoral. Curitiba: TRE-PR, 2016. p. 19.

A partir das delimitações apresentadas pelas decisões do Supremo, o TSE editou a Resolução nº 22.610/2007, disciplinando o processo de perda do mandato e definindo como situações de *justa causa* para saída do partido a incorporação ou fusão deste; a criação de nova agremiação; mudanças substanciais ou desvio reiterado do programa político; e grave discriminação ou perseguição pessoal.

A normativa recebeu endosso do STF nos julgamentos das ADIs nºs 3.999 e 4.086, que buscavam impugnar a resolução, ocasião em que se reconheceu a validade temporária dessa até edição de legislação que regulamente a situação.

O giro interpretativo foi capaz de frear as migrações, mas não de impedir a fragmentação. Em realidade, fechado o caminho mais direto, a criação de novas legendas se tornou a estratégia mais utilizada pelos parlamentares para romper com sua agremiação e manter sua posição, de maneira que entre 2006 e 2014 o número de partidos efetivos no Congresso Federal subiu de 9,3 para 13,3.[98]

A situação permaneceu assim até 2015, quando o Supremo voltou a tratar do assunto na ADI nº 5.081, na qual os efeitos das decisões anteriores foram restringidos para as eleições proporcionais, entendendo-se pela inconstitucionalidade parcial da Resolução nº 22.610/2007 e dando interpretação conforme para o termo "suplente" no que tange à eleição para o Senado.

No mesmo ano foi editada a Lei nº 13.165/2015, a Minirreforma Eleitoral, que ao incluir o art. 22-A na Lei dos Partidos Políticos deu validade legislativa ao entendimento jurisprudencial, que modificou profundamente as possibilidades de justa causa para desfiliação. A fusão e incorporação da legenda, bem como criação de nova agremiação, deixaram de ser possibilidades aceitáveis, mas se abriu a hipótese de migração no decorrer dos trinta dias que antecedem o prazo limite de filiação para o lançamento de candidatura, isto é, originou-se o que se convencionou chamar "janela partidária".

A reação legislativa aos efeitos da intervenção judicial é clara: existe uma tentativa de retorno ao *status quo* anterior às decisões de 2007 com um recrudescimento da multiplicação de partidos e uma nova flexibilização da migração partidária. O meio-termo alcançado trouxe

---

[98] MELO, Carlos Ranulfo. Por que chegamos a tanto e que importância isso tem? Considerações sobre a fragmentação partidária no Brasil. *In*: PERLIN, Giovana; SANTOS, Manoel Leonardo. *Presidencialismo de coalizão em movimento*. Brasília: Câmara dos Deputados, 2019. p. 201-227. p. 201-227.

alguma estabilidade para o período da legislatura, mas manteve a tendência à fragmentação e fragilidade das legendas.

A inclusão das federações no sistema eleitoral nacional, como mais um capítulo dessa saga, levanta uma série de questionamentos acerca de como tais entendimentos devem se conformar com a novidade, especialmente em virtude da ficção criada pela Lei nº 14.208/2021 de equiparação do novo instituto com o formato partidário.

Ficção, afinal, seria ilógico afirmar que os dois institutos são idênticos, sobretudo porque o fator definidor das federações é precisamente ser uma união de diferentes partidos políticos, que mantêm sua independência no que concerne à identidade e autonomia.

Contudo, essa independência entra em choque com a nova legislação, em especial no que concerne ao §1º do art. 11-A da Lei dos Partidos Políticos:

> Art. 11-A. Dois ou mais partidos políticos poderão reunir-se em federação, a qual, após sua constituição e respectivo registro perante o Tribunal Superior Eleitoral, atuará como se fosse uma única agremiação partidária. §1º Aplicam-se à federação de partidos todas as normas que regem o funcionamento parlamentar e a fidelidade partidária.

Como já demonstrado, o conceito de fidelidade partidária está entrelaçado com a ideia de autonomia das agremiações na Constituição de 1988, sendo aquela consequência direta dessa. Só é possível punir um parlamentar – ou outro filiado – por desrespeito às normativas estatutárias se existir liberdade para a legenda definir suas próprias regras e programa.

Deve-se presumir, a partir do dispositivo apresentado, que os estatutos das federações serão considerados de forma prioritária ou igualitária ao de seus membros, cabendo a instituição de processos disciplinares a partir de suas normativas e ignorando as determinações de cada partido individualmente?

Ainda, como a determinação de perda de mandato por desfiliação é uma consequência da ideia de fidelidade partidária, deve-se presumir que essa não ocorrerá quando a migração for entre legendas federadas?

Essas questões ainda estão abertas, no entanto, é necessário apontar que qualquer atuação legislativa que contradissesse a normativa constitucional deveria ter sua interpretação dada *conforme a Constituição*. Dessa forma, sendo a fidelidade partidária e a ideia do mandato partidário conclusões hermenêuticas do texto constitucional, deveriam certamente preceder à formação das federações.

Sobre a mesma chave de interpretação, recaem importantes questões atreladas: a divisão do fundo partidário, da propaganda partidária gratuita no rádio e na televisão, do fundo especial de financiamento de campanha (FEFC) e do horário eleitoral gratuito.

O fundo partidário é atualmente a maior fonte de financiamento dos partidos em anos não eleitorais,[99] sendo fundamental na manutenção das funções de educação e debate político, construção programática e organizativa das agremiações. No entanto, sua distribuição se dá em referência aos resultados alcançados na urna, cinco por cento do valor é dividido igualmente entre todas as legendas que superem a cláusula de barreira, enquanto o resto segue a proporção de votos do último pleito.

Lógica similar organiza a propaganda partidária gratuita no rádio e na televisão, reinstituída pela Lei nº 14.291/2022. Os esquetes de no máximo 30 segundos buscam: difundir os programas partidários; transmitir mensagens aos filiados sobre a execução de eventos e atividades congressuais da legenda; divulgar a posição da agremiação em relação a temas políticos e ações da sociedade civil; incentivar a filiação partidária; esclarecer o papel dos partidos na democracia brasileira; e difundir a participação política das mulheres, dos jovens e dos negros, tal como consta no dispositivo legal. São, portanto, uma ferramenta de propaganda partidária, mas também de fortalecimento das instituições democráticas nacionais.

No entanto, na ausência de outro formato para calcular uma divisão justa do tempo disponível, essa é feita por meio da quantia de parlamentares eleitos no Congresso Federal na última eleição, conforme disposto no art. 50-B da Lei dos Partidos Políticos:

> Art. 50-B. O partido político com estatuto registrado no Tribunal Superior Eleitoral poderá divulgar propaganda partidária gratuita mediante transmissão no rádio e na televisão, por meio exclusivo de inserções, para:
> §1º Os partidos políticos que tenham cumprido as condições estabelecidas no §3º do art. 17 da Constituição Federal terão assegurado o direito de acesso gratuito ao rádio e à televisão, na proporção de sua bancada eleita em cada eleição geral, nos seguintes termos:

---

[99] RIBEIRO, Pedro Floriano. Financiamento partidário no Brasil: propondo uma nova agenda de pesquisas. *Sociedade e Cultura*, Goiânia, v. 12, n. 1, p. 33-44, 2009.

I - o partido que tenha eleito acima de 20 (vinte) Deputados Federais terá assegurado o direito à utilização do tempo total de 20 (vinte) minutos por semestre para inserções de 30 (trinta) segundos nas redes nacionais, e de igual tempo nas emissoras estaduais;
II - o partido que tenha eleito entre 10 (dez) e 20 (vinte) Deputados Federais terá assegurado o direito à utilização do tempo total de 10 (dez) minutos por semestre para inserções de 30 (trinta) segundos nas redes nacionais, e de igual tempo nas emissoras estaduais;
III - o partido que tenha eleito até 9 (nove) Deputados Federais terá assegurado o direito à utilização do tempo total de 5 (cinco) minutos por semestre para inserções de 30 (trinta) segundos nas redes nacionais, e de igual tempo nas redes estaduais.

Esses dois recursos, de utilização extraeleitoral, mas definidos pelas votações obtidas em pleitos federais, devem se diferenciar do fundo especial de financiamento de campanha (FEFC) e do horário eleitoral gratuito, que são de emprego mais restrito, apenas durante o período de campanha. Essa diferença lógica é evidenciada inclusive na disposição legal desses instrumentos, enquanto os dois primeiros são estabelecidos pela Lei nº 9.906/1995, os demais são apresentados pela Lei nº 9.504/1997, a Lei das Eleições.

O fundo eleitoral é calculado em quatro faixas: (a) dois por cento divididos entre todos os partidos registrados no TSE; (b) trinta e cinco por cento entre aqueles que possuam ao menos um representante na Câmara Federal; (c) quarenta e oito por cento conforme a proporção de deputados federais do partido; e (d) quinze por cento seguindo a equivalência de senadores da legenda.

O horário eleitoral gratuito, por sua vez, é dividido numa proporção de 9/10 em conformidade com a representação federal e o restante dividido igualmente entre as demais legendas.

No entanto, a disposição legal de todos esses recursos enfatiza que essa distribuição é feita conforme a votação do último pleito, para que não se tornasse dependente das mudanças no decorrer de uma legislatura e de disputas judiciais, privilegiando a soberania popular e a segurança jurídica.

Assim, a regulamentação da divisão do horário partidário – apresentada acima – é feita com base na quantia de deputados federais que tenham sido eleitos, independentemente de sua atual filiação. O parágrafo único do art. 41-A da Lei dos Partidos Políticos, é ainda mais explícito:

Art. 41-A. Do total do Fundo Partidário: [...]
Parágrafo único. Para efeito do disposto no inciso II, serão desconsideradas as mudanças de filiação partidária em quaisquer hipóteses. (Redação dada pela Lei nº 13.107, de 2015)

O art. 16-D da Lei das Eleições dispõe que a única forma aceita para que a cota de recursos da FEFC referente a um parlamentar seja considerada para outro partido que não aquele que o elegeu é na ocasião de desfiliação por incapacidade da agremiação de alcançar a cláusula de barreira:

Art. 16-D. Os recursos do Fundo Especial de Financiamento de Campanha (FEFC), para o primeiro turno das eleições, serão distribuídos entre os partidos políticos, obedecidos os seguintes critérios: (Incluído pela Lei nº 13.488, de 2017) [...]
§3º Para fins do disposto no inciso III do caput deste artigo, a distribuição dos recursos entre os partidos terá por base o número de representantes eleitos para a Câmara dos Deputados na última eleição geral, ressalvados os casos dos detentores de mandato que migraram em razão de o partido pelo qual foram eleitos não ter cumprido os requisitos previstos no §3º do art. 17 da Constituição Federal. (Incluído pela Lei nº 13.877, de 2019)
§4º Para fins do disposto no inciso IV do caput deste artigo, a distribuição dos recursos entre os partidos terá por base o número de representantes eleitos para o Senado Federal na última eleição geral, bem como os Senadores filiados ao partido que, na data da última eleição geral, encontravam-se no 1º (primeiro) quadriênio de seus mandatos. (Incluído pela Lei nº 13.877, de 2019)

O art. 47 da mesma Lei nº 9.504/1997 estabelece uma barreira rígida para a transposição das cotas do horário eleitoral gratuito para outra legenda:

Art. 47. As emissoras de rádio e de televisão e os canais de televisão por assinatura mencionados no art. 57 reservarão, nos trinta e cinco dias anteriores à antevéspera das eleições, horário destinado à divulgação, em rede, da propaganda eleitoral gratuita, na forma estabelecida neste artigo. [...]
§3º Para efeito do disposto neste artigo, a representação de cada partido na Câmara dos Deputados é a resultante da eleição. (Redação dada pela Lei nº 11.300, de 2006)
§4º O número de representantes de partido que tenha resultado de fusão ou a que se tenha incorporado outro corresponderá à soma dos

representantes que os partidos de origem possuíam na data mencionada no parágrafo anterior. [...]
§7º Para efeito do disposto no §2º, serão desconsideradas as mudanças de filiação partidária em quaisquer hipóteses. (Redação dada pela Lei nº 13.107, de 2015)

Curiosamente, todas essas barreiras para a consideração das mudanças partidárias em quaisquer hipóteses na divisão de tais recursos derivam da Minirreforma de 2015 ou são posteriores a ela, afinal, foi resultante de um conturbado diálogo institucional entre Legislativo e Judiciário. Ainda que o STF entendesse que a trânsfuga partidária não poderia influenciar na distribuição do fundo partidário e do horário eleitoral gratuito, estabeleceu uma importante exceção: a criação de novas legendas.

Na ADI nº 4.430, julgada em 2012, o PHS reclamou a inconstitucionalidade dos arts. 45, §6º e 47, incs. I e II, da Lei das Eleições, que estabeleciam a divisão do horário eleitoral gratuito e fundo partidário referentes à representação federal. O STF negou o pedido principal, mas, no decorrer da discussão, deliberou pela nova exceção, seguindo a tendência de mudança hermenêutica que havia privilegiado o surgimento de novos partidos ante a migração.

A decisão consubstanciou-se na comparação da fundação de novas agremiações com a sua fusão ou incorporação, bem como o caráter de representatividade inerente aos parlamentares eleitos que se mantinha na decisão de estabelecer um novo partido, mas, ironicamente, não se perpetuava na mera mudança de legenda. O relator do caso, o Ministro Dias Toffoli, assim concebeu em seu voto:

> Não há razão, portanto, para conferir às hipóteses de criação de nova legenda tratamento diverso daquele conferido aos casos de fusão, já que ambas as possibilidades detêm o mesmo patamar constitucional (art. 17, caput, CF/88), cabendo à lei, e também ao seu intérprete, preservar o sistema. [...]
> Esclareço, por fim, que o entendimento aqui defendido se restringe aos casos de deputados federais que migram diretamente dos partidos pelos quais foram eleitos para a nova legenda, criada após as últimas eleições para a Câmara Federal. Nesses casos, embora o partido recém-criado não tenha sido submetido às eleições, conta com representantes eleitos. Desse modo, ocorrida a migração legítima de parlamentares para o novel partido, devem eles levar consigo parte da outorga democrática expressa

pelo eleitorado: a representatividade dos seus membros, circunstância essa que impõe novo fator de divisão do tempo de rádio e TV.

A exceção foi reforçada por meio da decisão da ADI nº 5.105, proposta pelo Solidariedade, que declarou a inconstitucionalidade parcial da Lei nº 12.875/2015, pretendendo reverter o entendimento anterior. Na oportunidade a mudança infraconstitucional foi considerada um caso típico de "lei *in your face*", em que o Legislativo busca a mutação constitucional sem utilizar os corretos mecanismos para tal, detendo presunção de inconstitucionalidade.

No entanto, a decisão valeria somente para os casos dos últimos dois anos, pois já nascia *atrasada*. A Lei nº 13.165/2015 havia sido aprovada poucas semanas antes do julgamento da ADI. Ao retirar a criação de novos partidos como justa causa para mudança partidária, já não fazia sentido reconhecer se as cotas do horário eleitoral gratuito e do fundo partidário acompanhavam o parlamentar.

A inclusão do instituto das federações e a ficção de equiparação dessas com as agremiações partidárias gera uma problemática quando vista da perspectiva desse diálogo institucional. Afinal, seria possível equivaler à criação de um pacto entre as legendas, com o surgimento de um novo partido?

O entendimento jurisprudencial de que o parlamentar migrante carrega consigo as cotas de divisões de recursos quando da criação de uma nova legenda permanece válido e foi, inclusive, reforçado após a mudança legal que obstruiu essa via de desfiliação. Se considerarmos que sobre a federação partidária se aplicam todos os entendimentos acerca dos partidos políticos no que concerne ao funcionamento parlamentar, é possível estender tal interpretação sobre o novo instrumento, garantindo que migrações para os partidos da federação impliquem transferência de tais cotas.

O cerne da questão reside em qual a extensão dessa ficção de equiparação: (i) é completa, conforme apresenta o texto legal; (ii) se lhe dará interpretação conforme aos atuais entendimentos da matéria; (iii) ou se existe inconstitucionalidade material do §1º do art. 11-A da Lei dos Partidos Políticos.

O assunto ainda depende de análise pelo Judiciário, eis que não abordado pela ADI nº 7.021, atualmente em tramitação perante o STF.

3.4 Desafios práticos para as federações

3.4.1 O número de candidatos que cada partido pode lançar e quota de gênero

Não há dificuldade em verificar o número máximo de candidatos que uma federação pode lançar ao pleito, aplicando-se a mesma regra definida para os partidos na Lei nº 14.211/2021, isto é, 100% (cem por cento) das vagas mais um. Assim, para uma câmara municipal de 9 (nove) vereadores, será 10 (dez) o número máximo de candidatos. Uma polêmica surge, no entanto, quanto ao número de candidatos que cada partido da federação pode lançar.

Tal determinação se dá a partir das regras do estatuto da própria federação, e, havendo omissão quanto a algum ponto, deve-se assegurar uma proporção mínima de candidatos para cada partido integrante da federação.

Exemplificativamente, na federação Rede-PSOL, tem-se a regra de que os partidos poderão lançar a proporção correspondente aos votos que cada partido auferiu na última eleição. Esse critério resolve a dúvida, especialmente, quando se está a considerar as eleições que ocorrem nos estados.

Entretanto, em âmbito municipal a interrogação torna-se complexa quando um dos partidos não teve votação válida na última eleição. No caso da Federação Rede-PSOL, embora não exista uma regra explícita sobre o tema, é possível extrair o critério de reservar o percentual mínimo de 30% dos candidatos para o partido que não teve votação na eleição anterior, e as demais vagas para o partido que teve votação anterior.

Outra questão polêmica ocorre quando nenhum dos partidos teve votação válida na última eleição municipal. Nesse caso, o mencionado estatuto (Rede-PSOL) vale-se do critério utilizado para as eleições estaduais. Ou seja, a proporção do total de votos recebidos por cada partido, em âmbito estadual, será utilizada como montante a embasar a divisão das cadeiras em âmbito municipal.

Quando somente um dos partidos lança candidato no âmbito local, por evidente, a solução é simples, somente ele lançará candidatos para disputar as vagas.

Ainda pode ocorrer de uma federação ser integrada por ter 3 (três) ou mais agremiações. No âmbito de um município em que seja possível lançar até 10 (dez) candidatos, a forma de distribuição de cadeiras pode tornar-se sobremodo complexa, podendo ocorrer de um partido ter direito a lançar apenas um candidato, situação em que não será respeitado o percentual mínimo de 30% de candidatura para um dos gêneros daquela sigla.[100]

Nessa hipótese, ter-se-á o conflito entre a regra do estatuto da federação e os precedentes do TSE e a regra do art. 17, §3º-A da Resolução nº 23.729/2024, que alterou a Resolução nº 23.609/2019 do TSE. Tal regra dispõe que: "O partido ou a federação que disputar eleição proporcional deverá apresentar lista com ao menos uma candidatura feminina e uma masculina para cumprimento da obrigação legal do percentual mínimo de candidatura por gênero".

Na hipótese aqui investigada, a regra do TSE prevalece sobre o estatuto da federação, por remeter ao princípio democrático e igualitário, bem como ser expressão do poder regulamentador da Corte e consequência de disposição legal, que visa equalizar a representação de homens e mulheres no espaço público. Ou seja, na ponderação de valores entre assegurar a equidade democrática de gênero, de um lado, e garantir a ampla participação de todos os políticos de uma federação, deve-se privilegiar o primeiro.[101]

Isso porque a exclusão ocasional da participação de um partido numa pequena cidade não impedirá que ele participe do pleito, de forma exitosa, em outras localidades. No entanto, desrespeitar a quota de gênero significa restringir o direito de uma parcela historicamente

---

[100] Sobre o tema, tem-se a seguinte resposta à consulta formulada ao TSE: "7. O segundo questionamento encontra resposta na redação do no art. 12 da Res.–TSE nº 23.670/2021, segundo o qual 'na eleição proporcional, o percentual mínimo de candidaturas por gênero deverá ser atendido tanto globalmente, na lista da federação, quanto por cada partido, nas indicações que fizer para compor a lista'. Logo, cada partido integrante da federação deverá apresentar, para a composição da lista global, candidaturas por gênero correspondentes ao mínimo de 30%" (TSE. 0600251-91.2022.6.00.0000, CtaEl – Consulta nº 060025191, Brasília/DF. Acórdão de 30.6.2022. Rel. Min. Mauro Campbell Marques. DJe, t. 161, 23.8.2022). No mesmo sentido: TSE. REspEl – Recurso Especial Eleitoral nº 060035443, 0600354-43.2022.6.20.0000, Natal/RN. Acórdão de 13.9.2022. Rel. Min. Benedito Gonçalves, Publicado em Sessão, Data 13.9.2022; TRE/SE. 0601043-49.2022.6.25.0000, RCand nº 060104349, Aracaju/SE. Acórdão de 12.9.2022. Rel. Des. Elvira Maria de Almeida Silva. PSESS – Sessão Plenária, Data 12.9.2022).

[101] A jurisprudência do Tribunal Superior Eleitoral tem demonstrado preocupação com a chamada "fraude à quota de gênero". Em meados de maio de 2024, a Corte aprovou a Súmula nº 73 prevendo que a fraude à cota de gênero, por ofensa ao percentual mínimo de 30% de candidaturas femininas, a que se refere o art. 10, §3º, da Lei nº 9.504/1997, configura-se com a presença de um ou alguns dos seguintes elementos, quando os fatos e as circunstâncias do caso concreto assim permitirem concluir: (i) votação zerada ou inexpressiva; (ii) prestação de contas zerada, padronizada ou ausência de movimentação financeira relevante; (iii) ausência de atos efetivos de campanha, divulgação ou promoção da candidatura de terceiros.

sub-representada da sociedade de apresentar-se aos eleitores locais. Ou seja, ao passo que o partido continuará podendo atuar em outras localidades, as pessoas sub-representadas daquela circunscrição não terão outra chance de apresentarem-se aos cidadãos, senão mediante a exclusão de um ou outro partido, que integra uma federação com muitas agremiações.

Assim, no exemplo aqui analisado, cada partido deverá respeitar a cota de gênero de 30% em seus quadros, tendo, pelo menos, 1 (um) homem e 1 (uma) mulher, caso decida disputar as eleições.[102] Por essa lógica, para um município com 10 vagas, não é possível que mais de 5 (cinco) partidos federados em uma mesma chapa lancem candidatos, devendo-se priorizar aqueles que tenham candidatos mais competitivos, de forma a excluir um ou outro partido com menor chances de alcançar êxito na eleição, ainda que isso implique violar, pontualmente, em âmbito municipal, a prerrogativa do partido, assegurada no estatuto da federação.

Nenhum partido é obrigado a lançar candidatos. No entanto, caso um partido de uma federação opte por concorrer ao pleito, deverá observar o número mínimo, anteriormente indicado.

No caso dos partidos federados, a quota de gênero deverá ser observada tanto individualmente, quanto globalmente, conforme estabelece o §4º-A do art. 17 da Resolução nº 23.609/2019: "§4º-A No caso de federação, o disposto nos §§2º, 3º e 4º deste artigo aplica-se à lista de candidaturas globalmente considerada e às indicações feitas por partido para compor a lista".

3.4.2 A solidariedade negativa da não prestação de contas

No que tange à obrigatoriedade de prestação de contas dos partidos políticos, o art. 2º, §§1º e 1º-A da Resolução nº 23.609/2019 do TSE estabelece:

---

[102] Essa foi a tese firmada pelo TSE no seguinte julgado: "Tese: os partidos políticos e federações, nas eleições proporcionais, devem registrar ao menos duas candidaturas para o cargo disputado, de modo a se atender aos percentuais mínimos e máximo de gênero previstos no art. 10, §3º, da Lei 9.504/97" (TSE. Recurso Especial Eleitoral nº 060104349, 0601043-49.2022.6.25.0000, Aracaju/SE. Acórdão de 13.10.2022. Rel. Min. Benedito Gonçalves).

Se a suspensão a que se refere o §1º deste artigo recair sobre órgão partidário de qualquer dos partidos que integre uma federação, esta ficará impedida de participar das eleições na circunscrição respectiva.

O TSE vem aplicando esta regra de forma rígida, consoante extrai-se do seguinte precedente:

1. Não poderá participar das eleições o órgão partidário que estiver com a sua anotação suspensa, por decisão transitada em julgado, na data final para a realização das convenções.
2. Caso faça parte de alguma federação, será indeferido o DRAP na circunscrição respectiva.
3. É irrelevante a data da realização da convenção partidária da federação, tendo em vista que a sua anotação deverá estar regularizada ao final do prazo para as convenções, qual seja, 5/8/2022.[103]

A redação atual do dispositivo da resolução do TSE enseja interpretação desconforme com a Constituição e com a legislação de regência, porque impõe restrição jurídica à participação de partido regularmente constituído, decorrente de omissão ilícita de responsabilidade de outra agremiação a ele federada.

O 17 da Constituição Federal assegura o livre funcionamento dos partidos políticos, que somente podem ser extintos quando deixarem de prestar contas à Justiça Eleitoral.

Segundo o art. 28, III da Lei nº 9.096/95, tal consequência afeta apenas o partido que a ela deu causa.

A redação original do dispositivo aqui criticado trata a "federação" como "um único partido", em razão do que dispõe o art. 11-A, §8º da Lei nº 9.096/95 (modificado pela Lei nº 14.208/2021), do qual se extrai que "aplicam-se à federação de partidos todas as normas que regem as atividades dos partidos políticos no que diz respeito [...] à prestação de contas".

Ocorre que esse dispositivo deve ser interpretado em conformidade com os demais textos normativos aplicáveis à matéria, os quais dão conta de que não se pode atribuir a um terceiro a responsabilidade por ato sobre o qual não se tem controle. Um partido federado

---

[103] TSE. Recurso Especial Eleitoral nº 060087840, Natal – RN. Acórdão de 18.10.2022. Rel. Min. Ricardo Lewandowski, Publicado em Sessão, Data 18.10.2022.

não tem condições de prestar contas em nome de outro, porque ambos são pessoas jurídicas distintas, com direções diferentes.

Somente se houvesse uma inter-relação direta e hierárquica entre tais agremiações é que seria possível impor a consequência da restrição de lançar candidatos para aquele que prestou suas contas devidamente, mas que está federado a um que não o fez. Ou seja, somente se a própria federação se tornasse uma pessoa jurídica dotada de recursos próprios, e deixasse de prestar contas, é que deveriam os partidos sofrer as sanções decorrentes de sua omissão.

Não é esse o caso. A própria Resolução nº 23.670/2021 do TSE, em seu art. 9º, §§2º e 3º, dispõe que a prestação de contas deve ser feita por cada partido político integrante da federação. Ou seja, esta não presta contas, logo, não pode ser impedida de lançar seus candidatos, porque não está sujeita à hipótese do art. 28, III da Lei nº 9.096/95, a qual se aplica, repita-se, somente aos partidos, considerados entidades autônomas e individuais.

Reitere-se: quando a Lei nº 14.208/2021 dispõe que os partidos federados atuarão "como se fosse uma única agremiação partidária", não autoriza a conclusão de que os partidos passaram a ser uma única agremiação. Ou seja, não se pode confundir a hipótese de incorporação ou de "fusão partidária", em que vários partidos perdem sua autonomia e identidade e formam um novo, com a federação, em que a união entre agremiações e siglas é apenas parcial.

Aliás, nem mesmo no caso de integração entre partidos há a transcendência da responsabilidade de um partido para outro, consoante se extrai do art. 3º, I da EC nº 111/2021, segundo a qual:

> nos processos de incorporação de partidos políticos, as sanções eventualmente aplicadas aos órgãos partidários regionais e municipais do partido incorporado, inclusive as decorrentes de prestações de contas, bem como as de responsabilização de seus antigos dirigentes, não serão aplicadas ao partido incorporador nem aos seus novos dirigentes, exceto aos que já integravam o partido incorporado.

Ora, se nem mesmo no caso de incorporação admite-se a transcendência da responsabilização, tanto menos entre partidos federados.

Então, é necessário atualizar a redação da Resolução nº 23.609/2019, com o que dispõe o art. 9º, da Resolução nº 23.670/2021, segundo o qual os partidos que estiverem funcionando validamente na circunscrição do pleito podem lançar seus candidatos pela federação, ainda que individualmente, e em nome da federação.

Uma última observação: caso um partido deixe de prestar contas em nível nacional, os demais partidos que integram a federação podem requerer ao TSE a rescisão parcial da federação, com a exclusão desse partido, por motivo justificado. Essa justa causa somente imporá consequências negativas à agremiação que vier a ser suspensa ou cancelada, mas, jamais atrairá consequência para as demais agremiações.

Quanto ao âmbito estadual e municipal, o partido que não prestar contas não pode lançar candidato, mas os demais partidos da federação podem fazê-lo, em nome da federação.

Ainda que tais argumentos não prevaleçam, deve-se levar em consideração que as contas não prestadas, por si só, não ensejam a impossibilidade de lançamento de candidatos pela federação. É necessário que se tenha procedido à suspensão do órgão partidário inadimplente quanto ao referido dever, e que tal anotação aconteça antes da realização da convenção da federação.[104]

---

[104] "Em assim sendo, a anotação da suspensão realizada posteriormente à data da convenção não pode dar causa ao indeferimento do DRAP da Federação, razão pela qual passo a analisá-lo. Com base na informação prestada pela Coordenadoria de Gestão Processual e Partidos (ID nº 10752961), excluindo-se a questão da anotação da suspensão do REDE, já analisada, constatasse que a ata da convenção foi entregue dentro do prazo legal, constando dos autos a apresentação da lista de presença dos convencionais e, que a legitimidade do subscritor do pedido foi devidamente comprovada. Desse modo, inexistindo óbice ao requerimento formulado, julgo improcedente a ação de impugnação e, por consequência, DEFIRO o pedido de registro (DRAP) da FEDERAÇÃO PSOL REDE – PSOL/REDE, para os cargos de Senador e Suplentes, habilitando-a a participar das Eleições de 2022" (TRE-RN. Registro de Candidatura (11532) nº 0600611-68.2022.6.20.0000, Natal/RN. Rel. Juíza Erika de Paiva Duarte Tinoco, j. 30.8.2022). No mesmo sentido: TRE-SE. 0600520-37.2022.6.25.0000, RCand nº 060052037, Aracaju/SE. Acórdão de 29.8.2022. Rel. Des. Elvira Maria de Almeida Silva, Publicação: PSESS – Sessão Plenária, Data 29.8.2022).

CONCLUSÃO

Conclusão do Capítulo 1

Ao contrário do que indica o enquadramento predominante do debate público sobre as federações partidárias, a proposta não é nova. Trata-se de mais um exemplo de mudança incremental que ocorre depois de décadas de tramitação e engavetamento no Congresso Nacional. A primeira proposta para criação de uma instância suprapartidária institucional no Brasil, chamada de federação, é de 1999. Da forma como a lei foi aprovada, ela permite o surgimento de uma instância suprapartidária sem reduzir os poderes dos líderes, ou caciques, dos partidos políticos. Sua principal justificativa pública é substituir as coligações momentâneas, movidas por interesses pontuais. O que é falso, pois as federações e as coligações continuarão convivendo no sistema político brasileiro. As federações substituem as coligações nas disputas eleitorais proporcionais e, principalmente, têm o potencial de organizar melhor a atividade parlamentar em relação ao Poder Executivo. Além disso, as federações mantêm as regras de distribuição de fundo partidário, fundo eleitoral e tempo de horário partidário e de HGPE (horário gratuito de propaganda eleitoral) por partido. Esses recursos são somados nas federações. Então, cada presidente de partido pode manter seu "feudo" dentro da federação. Mudanças incrementais de longo prazo no sistema partidário brasileiro, como a Lei das Federações, quando tratadas como rupturas radicais costumam desapontar os analistas normativos. A Lei das Federações cumpriu um primeiro papel em 2021 que foi prestar contas à opinião pública, que sempre criticou a existência de coligações eleitorais nas disputas proporcionais.

Mas, caso as federações funcionem na prática, será uma oportunidade para materializar interesses que hoje são representados de maneira informal no parlamento, ou como frentes temáticas. Há três grandes problemas que podem ser antecipados para as federações no Brasil. O primeiro é o caráter nacional, o que significa a necessidade de equacionar interesses regionais distintos. O segundo diz respeito às nossas eleições de meio termo, as disputas municipais, que terão que respeitar as federações nacionais no momento da definição de candidatos a prefeito e montagem de listas para vereador. Por fim, um terceiro problema potencial das federações é aumentar a dificuldade em se criar uma cultura de identidade e relação permanente entre eleitor e partidos políticos no Brasil.

Na prática, os resultados de 2022 mostram que o surgimento das federações se enquadra na categoria de mudança incremental gradativa, com impactos controlados sobre o sistema eleitoral, em vez de uma transformação significativa com efeitos de curto prazo com pouco ou nenhum controle por parte dos partidos e candidatos. Assim, o mais provável é que o instituto das federações sobreviva às próximas reformas eleitorais e consiga, em médio prazo, alcançar os objetivos iniciais esperados, que é reduzir a fragmentação partidária nos parlamentos brasileiros. Entre a eleição de 2022 e o final de 2023, vários partidos anunciaram intenção de formar novas federações ou novas fusões, principalmente entre aqueles que não conseguiram passar a cláusula de barreira por terem disputado as eleições como partidos isolados.

Conclusão do Capítulo 2

A Lei nº 14.208/2021 promoveu uma reforma eleitoral e política, criando uma nova forma de reunião entre greis, que não se reduz ao instituto eleitoral da coligação, nem ao da fusão partidária, nem à figura política dos blocos parlamentares. A federação partidária é um instituto jurídico-político específico, com características próprias.

A federação partidária é uma reunião temporária, de abrangência nacional, de dois ou mais partidos políticos, registrada perante o Tribunal Superior Eleitoral, que deve atuar como se fosse uma única agremiação partidária tanto na disputa eleitoral, quanto no exercício da legislatura.

Quanto ao ato jurídico que constitui ou que extingue a federação, quanto ao seu funcionamento interno e à relação com outras entidades partidárias, pode-se afirmar que sua condição é predominantemente privada, na medida em que sua atuação deriva da autonomia dos partidos que a compõem. Quanto às suas atividades extrafederativas, que envolvem as disputas com outros partidos e federações, seja no âmbito eleitoral, seja no parlamento, a condição da federação é predominantemente pública, na medida em que seu propósito é de conquistar e exercer o poder na forma definida pela Constituição, resguardando a soberania nacional, o regime democrático, o pluripartidarismo e os direitos fundamentais da pessoa humana (art. 17).

Orientam a criação, o funcionamento e a extinção da federação os princípios do pluralismo político, da anualidade, da quadrianualidade, da autonomia, da identidade, o princípio republicano e o democrático.

Somente após o registro civil e o deferimento do requerimento pelo TSE é que a federação poderá atuar validamente, como se fosse um único partido, em todos os níveis (municipal, estadual e federal).

A reunião entre os partidos é temporária. Sua constituição deve ocorrer até 6 (seis) meses antes da eleição e o seu prazo de duração é indeterminado, havendo apenas a exigência do tempo mínimo de sua existência que é de 4 anos, a contar da data do registro do estatuto da federação no TSE.

Os efeitos da criação ou da alteração do estatuto da federação partidária se produzem de maneira diferenciada, quanto ao aspecto eleitoral e político e quanto ao acesso aos recursos públicos.

A partir da sua formação, a federação passa a fruir, imediatamente, das prerrogativas políticas relativas ao funcionamento parlamentar, devendo atuar como se fosse um único partido em todas as casas legislativas do país. Para participar das eleições, deve constituir-se até 6 (seis) meses antes do pleito, a exceção do ano de 2022 em tal prazo foi postergado para 31.05.2022. Já a aferição da cláusula de desempenho da EC nº 97/2017 será aferida no início da próxima legislatura federal.

O art. 6º, §1º da Resolução nº 23.670/2021 do TSE permite que outros partidos que não participaram da formação original da federação venham a integrá-la em momento posterior. Para tanto, é necessária a observância das regras inerentes à formação da federação, bem como do seu estatuto.

A federação deve criar o seu estatuto e programa, desde que observadas as limitações constitucionais, legais e as resoluções do TSE. Tais limitações objetivam estabelecer proteções recíprocas para as instituições do Estado e a sociedade, para os demais partidos e federações concorrentes e para os partidos que a compõem, consoante extrai-se do art. 17 da Constituição e da Lei nº 9.096/95.

Os limites que objetivam proteger as instituições do Estado e da sociedade determinam que a federação deve: (a) respeitar a soberania nacional – estando proibida de receber recursos financeiros de entidade ou governo estrangeiros ou de subordinação a estes; (b) atuar no interesse do regime democrático, na promoção da autenticidade do sistema representativo, na defesa dos direitos fundamentais definidos na Constituição Federal; (c) prestar contas à Justiça Eleitoral.

Uma vez constituída jurídica e politicamente, a federação "atuará como se fosse uma única agremiação partidária" (art. 11-A da Lei nº 9.096/95). Ou seja, perante as instituições, o eleitorado, as demais federações partidárias e partidos políticos, uma federação apresenta-se como uma entidade.

Consoante dispõe o art. 6º da Resolução nº 23.671/2021 do TSE, a convenção da federação deverá ocorrer de forma unificada, dela devendo participar todos os partidos políticos que tenham órgão de direção partidária na circunscrição. Ou seja, a escolha de todos os candidatos – das eleições proporcionais e majoritárias – e a realização de eventual coligação para as eleições majoritárias deve ocorrer de maneira colegiada pelos partidos da federação que tem órgãos validamente constituídos na circunscrição do pleito.

Quanto ao acesso ao fundo partidário e à propaganda partidária, os partidos federados valer-se-ão do somatório dos votos e do número de representantes eleitos de todas as siglas que compõem a federação para aferição do cumprimento da cláusula de desempenho instituída pela EC nº 97/2017.

Quanto à verificação do tempo total da propaganda eleitoral em rádio e TV, ou seja, aquela que ocorre durante o pleito e tem por objetivo captar o voto do eleitor, a exemplo do que ocorre com os recursos públicos, levar-se-á em consideração a federação como um todo. Na distribuição desse tempo de propaganda em rádio e TV, deve a federação promover a destinação proporcional para candidatas mulheres e negras(os), na forma do art. 77 da Resolução nº 23.610/2019 do TSE. Para as demais candidaturas a distribuição será realizada a critério da federação, a qual é responsável pela organização, produção e viabilização da veiculação da sua propaganda nos referidos meios de comunicação. Ou seja, a exemplo do que ocorre com as coligações, não cabe a cada partido federado, individualmente, providenciar a referida forma de propaganda.

Os votos obtidos pelos partidos que integram a federação são compartilhados no âmbito da própria federação, de maneira que nas eleições proporcionais, a exemplo do que ocorria com as coligações, os votos conferidos a um candidato podem ser transferidos para outro, a depender do cálculo do coeficiente eleitoral.

O art. 11-A da Lei nº 9.096/95 e o art. 6º-A da Lei nº 9.504/97 estabelecem que se aplicam à federação as normas que regem a arrecadação e a aplicação de recursos em campanhas eleitorais, bem como as relativas à prestação de contas de tais recursos. A federação desempenhará atividades tanto no período eleitoral, quanto durante a legislatura. Tais atos não são passíveis de prestação de contas pela própria federação, mas, sim, pelos partidos que a compõem.

Quanto ao funcionamento parlamentar, é direito dos partidos políticos e das federações de se fazerem representar nas casas legislativas e participar de suas diversas instâncias, por intermédio de uma bancada, sob a direção de lideranças de sua livre escolha, as quais são constituídas de acordo com o estatuto da federação, das disposições regimentais das respectivas casas de leis e demais dispositivos normativos.

No tocante à fidelidade partidária, esta é devida ao partido, não à federação. Assim, por mais que um mandatário acompanhe o posicionamento da federação em questões políticas, se se desfiliar voluntariamente do partido pelo qual foi eleito, estará sujeito à cassação do mandato caso a sua grei assim pleiteie na Justiça Eleitoral. Do mesmo modo, se um parlamentar migrar do partido pelo qual foi eleito para um outro partido que integra a mesma federação, estará sujeito à cassação do mandato.

É a partir da autonomia dos partidos, que instituem o estatuto da federação, que se deve compreender a fidelidade eleitoral e política e os deveres jurídicos desses mesmos partidos em relação ao estatuto da federação que integram. Tais deveres jurídicos impostos aos partidos da federação devem derivar, diretamente, das finalidades eleitorais e políticas da federação. De igual forma, a federação tem os seus deveres em relação aos partidos que a constituem, os quais derivam dessas mesmas finalidades.

Um dever geral dos partidos em relação à federação diz respeito à manutenção administrativa da federação. A federação deve ter condições materiais, financeiras e técnicas de viabilizar sua atuação eleitoral e política em favor dos partidos que a compõem. Para tanto, é necessário que os partidos contribuam com recursos financeiros e humanos, hábeis a prover tal mantença. Em contrapartida, a federação deve viabilizar a mediação intrafederativa entre os partidos que a compõem, bem como a defesa extrafederativa dos seus interesses eleitorais e políticos.

Serão punidos, na forma da lei, os partidos que se desligarem da federação antes dos 4 anos, a contar do seu ingresso, cujo termo inicial pode ocorrer na formação original da federação, ou, em momento posterior (art. 11-A, §4º da Lei nº 9.096/95, com a alteração da Lei nº 14.208/2021). O partido que descumprir tal condição não poderá celebrar coligação nas duas eleições seguintes, tampouco utilizar o fundo partidário até completar o prazo mínimo remanescente de permanência na federação.

A exceção expressa à referida regra punitiva encontra-se no art. 7º, §3º da Resolução nº 23.670/2021 do TSE e se aplica para a hipótese de todos os partidos que compõem a federação se fundirem ou incorporarem/serem incorporados, de maneira que, após a fusão ou incorporação, passará a existir um único partido. Como não é possível a existência da federação com um único partido, e como a fusão e a incorporação são providências permitidas pela legislação, está justificada a extinção da federação, não se aplicando ao novo partido que resultou da fusão, ou ao partido incorporador, as sanções mencionadas anteriormente. No entanto, é possível reconhecer outras hipóteses de justa causa para fidelidade federativa, que podem afastar a incidência das punições prescritas na legislação.

Há hipóteses em que a fusão ou a incorporação pode gerar as sanções legais, quando essa forma de união se der entre partidos de federações diferentes ou entre partidos federados e não federados.

A extinção da federação pode ocorrer por remanescer apenas um partido, ou, voluntariamente, por deliberação dos partidos que a compõem, hipótese em que, segundo o art. 6º, §5º da Resolução nº 23.670/2021 do TSE, "cessará imediatamente o efeito previsto no §1º do art. 4º desta Resolução, devendo-se proceder a novo cálculo para a distribuição do Fundo Partidário conforme a cláusula de desempenho em vigor".

Conclusão do Capítulo 3

A Lei nº 14.208/2021, que institui as federações no sistema político brasileiro, traz consigo uma série de questões constitucionais que podem influenciar seu funcionamento. A ficção criada pelo novo texto legal, que determina a aplicação das mesmas regras dos partidos para o novo instituto, faz com que antigos julgados que já haviam caído no *esquecimento* do direito eleitoral nacional voltem a ser colocados na *ordem do dia*, bem como cria uma série de contradições com o próprio texto da Constituição Federal.

Não é de se surpreender que uma das primeiras reações a uma mudança de tal envergadura, que surge como um delicado meio-termo entre as tendências de racionalização do sistema partidário e a garantia de democracia parlamentar, tenha sido sua contestação perante o STF. A ADI nº 7.021/DF, proposta pelo Diretório Nacional do PTB em 4.11.2021, questiona a constitucionalidade da nova legislação, argumentando que ela é um retorno ao modelo de coligações proporcionais banido pela EC nº 97/2017 e do antigo regime de *verticalização*.

É fácil compreender onde o novo instrumento lembra os pactos proibidos, mas a questão da *verticalização* é um tema diferente, pois foi superado há mais de década em nosso sistema eleitoral. Esse termo, rejeitado pelos tribunais que defendiam a sua implementação, corresponde a um princípio de obrigatória correspondência entre as formações de chapas em diferentes níveis federativos. Quem se alia para a disputa presidencial deveria permanecer unido nos estados.

Esse modelo foi vigente nos pleitos de 2002 e 2006 graças a uma mudança de entendimento do TSE e do STF, capitaneada pelo Ministro Nelson Jobim nas discussões da Consulta nº 715/2002, ADI nº 2.626/DF e ADI nº 2.628/DF. Segundo a compreensão das cortes, o art. 6º da Lei nº 9.504/97, ao colocar a expressão "dentro da mesma circunscrição" para se referir à possibilidade de constituir coligações, determinaria uma relação de integração entre os diferentes graus federativos no âmbito eleitoral.

Assim, ao entender que a circunscrição nacional continha a estadual e a municipal, os ministros estabeleceram a necessidade de correspondência entre as alianças nas diversas disputas, ou *quase isso*. A forte reação do Parlamento e dos partidos políticos moveu o entendimento. Primeiro, as eleições municipais foram excluídas dessa mudança. Depois, as agremiações que não se aliassem com nenhum candidato a presidente ganharam o direito de montar suas alianças estaduais como quisessem.

A *verticalização* poderia ser somente mais um capítulo *fechado* no longo histórico de mudanças do universo eleitoral protagonizadas pelo Poder Judiciário, pois deixou de ser aplicada com a promulgação da Emenda Constitucional nº 52/2006, não fosse o questionamento do PTB na ADI nº 7.021/DF. O questionamento lança dúvidas sobre as possibilidades da nova legislação, não somente em virtude de sua suposta similaridade com as coligações, mas também por lançar luz à tensão entre a implementação do instituto e o princípio fundamental do caráter federativo do Estado brasileiro, que também organiza o sistema político.

No entanto, a equivalência entre as federações partidárias e as coligações foi afastada pelo STF, no julgamento da supracitada ADI, no dia 9.2.2022. A maioria da Corte acompanhou o voto do relator Ministro Barroso. A posição foi fundamentada em três principais pontos de diferenciação: a longitude temporal; uma série de incentivos para uma composição mais ideologicamente coesa; e a atividade parlamentar compartilhada entre as agremiações aliadas pelo novo instrumento.

Visão minoritária na Corte foi a do Ministro Kassio Nunes Marques, que defendeu isoladamente a inconstitucionalidade da mudança. Além dos argumentos já mencionados, seu voto trouxe à baila as diversas prerrogativas constitucionais para os partidos, que seriam não somente uma forma de organizar a disputa eleitoral, mas também verdadeiros órgãos de poder político. Assim, no silêncio constitucional sobre outros modelos organizativos, garantir a expansão do rol de agrupamentos com esses privilégios seria alterar a estrutura imaginada pelo constituinte.

A confirmação da Corte sobre a constitucionalidade das federações abre uma outra série de dúvidas, especialmente sobre a realidade das alianças em *conformidade* com as decisões já existentes acerca das migrações partidárias. A posição doutrinária deixa claro que a fidelidade, seja no que concerne ao respeito às normativas estatutárias da agremiação seja à trânsfuga, é consequência da determinação de autonomia prevista no art. 17, §1º da Constituição Federal. A Lei nº 14.208/2021 causa um choque nessa visão, pois se estabelece que sobre as federações se aplicam todas as regras sobre lealdade que haviam sido construídas para os partidos políticos, mas estes manteriam sua autonomia como previsto constitucionalmente.

Essa abertura pode gerar a interpretação de *livre migração* entre organizações federadas, além de trazer dúvidas sobre a divisão dos fundos partidário e eleitoral e horários de propaganda gratuita. Em geral, mesmo após a consolidação da tese do mandato partidário, sempre houve uma interpretação das cortes de que as cotas parlamentares respectivas a esses recursos eram definidas pela votação do último pleito e não pela agremiação atual do eleito, cabendo uma única exceção: a construção de uma nova legenda.

Essa possibilidade se estabeleceu na ADI nº 4.430, promovida pelo PHS e julgada em 2012 e caiu em *desuso* após a Minirreforma de 2015, que dificultou a criação de novos partidos, mas não foi vencida nas Cortes. A possibilidade de criação de federações no meio do período legislativo, bem como a ficção de equivalência dela com as agremiações partidárias, impõe um novo desafio hermenêutico, interpretando a nova situação em *conformidade* com a leitura constitucional do STF e das normativas eleitorais posteriores a 2015.

Para as eleições municipais, o tema "federação partidária" ganha ainda mais relevância, uma vez que a suspensão de um órgão partidário municipal, em decorrência da não prestação de contas, afeta os demais partidos federados. De igual modo, a cota de gênero deve ser respeitada tanto individualmente, por cada partido, quanto globalmente, pela federação. Como as eleições municipais trazem uma série de novos desafios, decorrentes do número significativo de candidatos e de vagas em disputa, é essencial que as pessoas que atuam com o direito eleitoral atentem-se para as especificidades da legislação e para o entendimento jurisprudencial, que vem sendo firmado pelo TSE e pelas cortes eleitorais.

REFERÊNCIAS

AGRA, Walber de Moura; LUCENA, Alisson. A federação partidária como forma de transição para um novo arranjo na estrutura dos partidos políticos. *In*: BARROS, Ezikelly; MALDONADO, Helio. *Federação de partidos* – Coletânea de artigos sobre a aplicação da Lei n. 14.208/2021. Brasília: Abradep – Academia Brasileira de Direito Eleitoral e Político, 2022. v. 2.

AIETA, Vânia Siciliano. Fidelidade e federação partidária: problemas e perspectivas. *In*: BARROS, Ezikelly; MALDONADO, Helio. *Federação de partidos* – Coletânea de artigos sobre a aplicação da Lei n. 14.208/2021. Brasília: Abradep – Academia Brasileira de Direito Eleitoral e Político, 2022. v. 2.

ALEXY, Robert. *Teoría de los derechos fundamentales*. Madrid: Centro de Estudios Constitucionales, 1993.

ARAS, Augusto. *Fidelidade partidária*: a perda de mandato parlamentar. Rio de Janeiro: Lumen Juris, 2006.

ARAS, Augusto. *Fidelidade partidária*: efetividade e aplicabilidade. Rio de Janeiro: GZ, 2016.

AVELINO FILHO, George. Clientelismo e política no Brasil. *Novos Estudos*, n. 38, p. 225-240, 1984.

BANDEIRA DE MELLO, Celso Antônio. *Conteúdo jurídico do princípio da igualdade*. 3. ed. São Paulo: Malheiros, 2000.

BARROS, Ezikelly. *Autonomia partidária*: uma teoria geral. São Paulo: Almedina, 2021.

BARROS, Ezikelly; MALDONADO, Helio. *Federação de partidos* – Coletânea de artigos sobre a aplicação da Lei n. 14.208/2021. Brasília: Abradep – Academia Brasileira de Direito Eleitoral e Político, 2022a. v. 1.

BARROS, Ezikelly; MALDONADO, Helio. *Federação de partidos* – Coletânea de artigos sobre a aplicação da Lei n. 14.208/2021. Brasília: Abradep – Academia Brasileira de Direito Eleitoral e Político, 2022b. v. 2.

BONAVIDES, Paulo. *Curso de direito constitucional*. 29. ed. São Paulo: Malheiros, 2014.

BRANDÃO, Juliano Ribeiro; MATTOS, Karina Denari Gomes; MENDES, Marcelo Doval; SERAU JUNIOR, Marco Aurélio. Fidelidade partidária: análise crítica da jurisprudência do Supremo Tribunal Federal. *Revista do TRF3*, n. 117, p. 47-64, abr./jun. 2013.

BRASIL. Supremo Tribunal Federal. *ADI nº 7.021*. Rel. Min. Luis Roberto Barroso, decisão de 28.2.2021.

BRASIL. Supremo Tribunal Federal. *MS-AgR nº 26.062*. Rel. Min. Gilmar Mendes, j. 10.3.2008.

BRASIL. Tribunal Superior Eleitoral. *AgReg em REsp nº 30.535*. Rel. Min. Felix Fischer, de 11.10.2008.

BRASIL. Tribunal Superior Eleitoral. *AgRgREspe nº 18.421*. Rel. Min. Garcia Vieira, j. 28.6.2001.

BRASIL. Tribunal Superior Eleitoral. *AgR-Pet nº 2.981*. Rel. Min. Joaquim Barbosa, j. 3.8.2009.

BRASIL. Tribunal Superior Eleitoral. *AgR-REspe nº 36.533*. Rel. Min. Nancy Andrighi, j. 13.11.2012.

BRASIL. Tribunal Superior Eleitoral. *Pet nº 51.689*. Rel. Min. Luciana Lóssio, red. designado Min. Jorge Mussi, j. 13.11.2018.

BRASIL. Tribunal Superior Eleitoral. *RPP nº 141.796*. Rel. Min. Herman Benjamin; Rel. designado Min. Tarcísio Vieira de Carvalho Neto, j. 20.02.2018.

BURR CERDA, Sebastián. *El ocaso de la democracia representativa*. Santiago: Arcus, 2020.

BUZAID, Alfredo. *Da ação direta de declaração de inconstitucionalidade no direito brasileiro*. São Paulo: Saraiva, 1958.

CAGGIANO, Monica Herman Salem. *Direito parlamentar e direito eleitoral*. Barueri: Manole, 2004.

CÂMARA DOS DEPUTADOS. *Projeto de Lei 1.203/1999*. Disponível em: https://www.camara.leg.br/proposicoesWeb/fichadetramitacao?idProposicao=16399. Acesso em: fev. 2022.

CÂMARA DOS DEPUTADOS. *Voto em plenário do relator ao projeto de lei 2.522/15*. Disponível em: https://escriba.camara.leg.br/escriba-servicosweb/pdf/62682. Acesso em: fev. 2022.

CARVALHO, Valter Rodrigues de; FREITAS, John dos Santos. O caráter nacional dos partidos políticos no direito eleitoral brasileiro. *Cadernos de Pesquisa em Ciência Política*, v. 3, n. 1, p. 6-21, fev. 2014.

CERVI, Emerson Urizzi. Elecciones parlamentarias brasileñas en 2018 y 2022: del fin de las coaliciones electorales al inicio de las federaciones de partidos en las disputas por la Cámara de Diputados. *Revista Mexicana de Análisis Político y Administración Pública*, v. XII, n. 24, p. 27-57, jul./dic. 2023.

CERVI, Emerson Urizzi; BORBA, Felipe. Os diretórios partidários municipais e o perfil sociodemográfico dos seus membros. *Revista Brasileira de Ciência Política*, Brasília, n. 28, p. 65-92, 2019.

CERVI, Emerson Urizzi; TERRON, Sonia; SOARES, Glaucio. Filiação partidária: uma importante variável esquecida no Brasil. *Revista Opinião Pública*, v. 26, n. 3, p. 494-521, 2002.

CHACON, Vamireh. *História dos partidos brasileiros*. Brasília: Editora UnB, 1998.

CLÈVE, Clèmerson Merlin; CLÈVE, Ana Carolina de Camargo. A evolução da fidelidade partidária na jurisprudência do Supremo Tribunal Federal. *In*: KEPPEN, Luiz Fernando Tomasi; SALGADO, Eneida Desiree (Org.). *Direito eleitoral contemporâneo*: 70 anos da redemocratização pós-ditadura Vargas e da reinstalação da Justiça Eleitoral. Curitiba: TRE-PR, 2016. p. 15-29.

CONGRESSO NACIONAL. *Comissão da Reforma Política do Senado Federal* – 2015. Disponível em: https://www.congressonacional.leg.br/materias/pesquisa/-/materia/121861. Acesso em: fev. 2022.

DATAFOLHA. *Pesquisa de Preferência Partidária PO813920, de junho de 2017*. Disponível em: http://media.folha.uol.com.br/datafolha/2017/06/26/7b9816148d0e227a8453fcfc21b7 d410a3a36f87.pdf. Acesso em: fev. 2022.

FARHAT, Saïd. *Dicionário parlamentar e político*: o processo político e legislativo no Brasil. São Paulo: Melhoramentos; Fundação Peirópolis, 1996.

FERNANDES NETO, Raimundo Augusto. *Partidos políticos*: desafios contemporâneos. Curitiba: Íthala, 2019.

FERRAZ JUNIOR, Vitor Emanuel Marchetti. *Poder Judiciário e competição política no Brasil*: uma análise das decisões do TSE e do STF sobre as regras eleitorais. 2008. 233 f. Tese (Doutorado em Ciências Sociais: Política) – Pontifícia Universidade Católica de São Paulo, São Paulo, 2008.

FERREIRA, Marcelo Ramos Peregrino. *Da democracia de partidos à autocracia judicial*: o caso brasileiro no divã. Florianópolis: Habitus, 2020.

GOMES, José Jairo. *Direito eleitoral*. 14. ed. São Paulo: Atlas, 2018.

GONÇALVES, Guilherme de Salles. A constitucionalidade da verticalização regional das candidaturas nas federações partidárias: uma análise à luz da construção jurisprudencial do TSE e do STF. *In*: BARROS, Ezikelly; MALDONADO, Helio. *Federação de partidos* – Coletânea de artigos sobre a aplicação da Lei n. 14.208/2021. Brasília: Abradep – Academia Brasileira de Direito Eleitoral e Político, 2022. v. 1.

GRESTA, Roberta. Federação de partidos políticos: o que muda para 2022? *UOL Notícias*, 15 dez. 2021. Abradep. Disponível em: https://noticias.uol.com.br/colunas/abradep/2021/12/15/ federacao-de-partidos-politicos-o-que-muda-para-2022.htm. Acesso em: 31 dez. 2021.

KINZO, M. D. *Radiografia do quadro partidário brasileiro*. São Paulo: Fundação Konrad Adenauer, 1993.

LEAL, Vitor. *Coronelismo, enxada e voto*. Rio de Janeiro: Nova Fronteira, 1997.

LIMA JR., Olavo B. *Os partidos políticos brasileiros*: a experiência federal e regional (1945-1964). São Paulo: Loyola, 1983.

LOBO, Edilene, O estatuto e o programa comuns da federação partidária: da deliberação interna corporis à homologação pelo Tribunal Superior Eleitoral. *In*: BARROS, Ezikelly; MALDONADO, Helio. *Federação de partidos* – Coletânea de artigos sobre a aplicação da Lei n. 14.208/2021. Brasília: Abradep – Academia Brasileira de Direito Eleitoral e Político, 2022. v. 1.

MARTUCCELLI, Danilo. *El nuevo gobierno de los individuos*: controle, creencias y jerarquías. Santiago: LOM Ediciones, 2021.

MEDEIROS, Isaac Kofi. O que são federações partidárias e como elas podem impactar as eleições. *Consultor Jurídico*, 10 out. 2021. Opinião. Disponível em: https://www.conjur.com.br/2021-out-10/medeiros-federacoes-partidarias-impacto-eleicoes. Acesso em 31 dez. 2021.

MELO, Carlos Ranulfo. Por que chegamos a tanto e que importância isso tem? Considerações sobre a fragmentação partidária no Brasil. *In*: PERLIN, Giovana; SANTOS, Manoel Leonardo. *Presidencialismo de coalizão em movimento*. Brasília: Câmara dos Deputados, 2019. p. 201-227.

MENDES, Gilmar Ferreira; COELHO, Inocêncio Mártires; BRANCO, Paulo Gustavo Gonet. *Curso de direito constitucional*. 2. ed. São Paulo: Saraiva, 2008.

MENEGUELLO, Rachel. *Partidos e governos no Brasil contemporâneo (1985-1997)*. 1. ed. São Paulo: Paz e Terra, 1998.

MEZZAROBA, Orides. *Introdução ao direito partidário brasileiro*. 2. ed. Rio de Janeiro: Lumen Juris, 2004.

MIRANDA, Geralda Luiza de. Coligações eleitorais: tendências e racionalidades nas eleições federais e majoritárias estaduais (1990-2010). *Revista de Sociologia e Política*, v. 21, n. 47, p. 69-90, set. 2013.

MONTEIRO, Maurício Gentil. A "verticalização" das coligações partidárias nas eleições gerais de 2002. *Semestre Eleitoral*, Salvador, v. 7, n. 1, p. 29-44, jan./dez. 2003.

NEVES, Rafael. Com futuro em jogo no STF, federações partidárias custam a sair do papel. *UOL Notícias*, 3 fev. 2022. Coluna Política.

NICOLAU, Jairo. *Eleições no Brasil*: do Império aos dias atuais. São Paulo: Zahar, 2012.

NICOLAU, Jairo. *História do voto no Brasil*. Rio de Janeiro: Zahar, 2002.

NICOLAU, Jairo. *Multipartidarismo e democracia*: um estudo sobre o sistema partidário brasileiro. Rio de Janeiro: FGV, 1996.

NUNES JUNIOR, Amandino Teixeira. *A judicialização da política no Brasil*: análise das decisões do TSE e do STF sobre verticalização das coligações e fidelidade partidária. 2014. 200 f. Tese (Doutorado em Ciência Política) – Universidade de Brasília, Brasília, 2014.

PIETZACK, Juliano Glinski; NAKAMURA, Erick Kiyoshi. Expulsão de partido. *In*: SOUZA, Cláudio André de; ALVIM, Frederico Franco; BARREIROS NETO, Jaime; DANTAS, Humberto (Coord.). *Dicionário das eleições*. 1. ed. Curitiba: Juruá, 2020. v. 1. p. 312-313.

PINTO, Surama C. Sá. Sobre a lógica do funcionamento dos partidos políticos nos sistemas oligárquicos: o caso do Rio de Janeiro. *Revista Lusíada*, v. 2, n 9-10, p. 231-251, 2013.

PONTES, Roberto Carlos Martins. O funcionamento parlamentar das federações partidárias no âmbito das casas legislativas: uma proposta de interpretação da Lei nº 14.208/2021. *In*: BARROS, Ezikelly; MALDONADO, Helio. *Federação de partidos* – Coletânea de artigos sobre a aplicação da Lei n. 14.208/2021. Brasília: Abradep – Academia Brasileira de Direito Eleitoral e Político, 2022. v. 2.

REIS, Daniel Gustavo Falcão Pimentel. *O ativismo judicial no Brasil*: o caso da verticalização. 2014. 306 f. Tese (Doutorado em Direito do Estado) – Universidade de São Paulo, São Paulo, 2014.

RIBEIRO, Pedro Floriano. Financiamento partidário no Brasil: propondo uma nova agenda de pesquisas. *Sociedade e Cultura*, Goiânia, v. 12, n. 1, p. 33-44, 2009.

SALGADO, Eneida Desiree. Índice *de democracia intrapartidária*. Uma proposta de mensuração a partir dos estatutos dos partidos políticos brasileiros. 2019. 66 p. Relatório (Pós-Doutorado) – Setor de Ciências Humanas, Universidade Federal do Paraná, 2019.

SALGADO, Eneida Desiree. *Princípios constitucionais eleitorais*. Belo Horizonte: Fórum, 2010.

SALGADO, Eneida Desiree; PÉREZ HUALDE, Alejandro. A democracia interna dos partidos políticos como premissa da autenticidade democrática. *A&C – Revista de Direito Administrativo & Constitucional*, Belo Horizonte, ano 15, n. 60, p. 63-83, abr./jun. 2015.

SANTANO, Ana Cláudia. A fidelidade partidária: moralização da política ou impedimento do exercício de direitos individuais? *Revista IOB de Direito Administrativo*, v. 2, n. 24, p. 186-203, dez. 2007.

SCHMITT, Rogério; KRAUSE, Silvana (Org.). *Partidos e coligações eleitorais no Brasil*. Rio de Janeiro: Fund. Konrad-Adenauer, 2005.

SILVA, Luís Virgílio Afonso da. *Sistemas eleitorais*. São Paulo: Malheiros, 1999.

SILVA, Matheus Passos. A inconstitucionalidade da temporalidade das coligações partidárias no atual quadro jurídico brasileiro. *Estudos Eleitorais*, Brasília, v. 10, n. 2, p. 130-152, maio/ago. 2015.

SILVA, Patrick *et al*. Reforma política no Brasil: indagações sobre o impacto do sistema partidário e na representação. *Revista Opinião Pública*, v. 21, n. 1, p. 1-32, 2015.

SOARES, Gláucio A. D. *Sociedade e política no Brasil*: desenvolvimento, classe e política durante a Segunda República. São Paulo: Difel, 1973.

SOARES, Gláucio A. D.; RENNÓ JR., Lucio R. *Reforma política*: lições da história recente. São Paulo: Editora FGV, 2019.

SOUZA, Maria do Carmo Campello. O processo político-partidário na Primeira República. *In*: MOTA, Carlos Guilherme. *Brasil em perspectiva*. São Paulo: Difusão Europeia do Livro, 1969.

TAVARES, André Ramos. *Curso de direito constitucional*. 18. ed. São Paulo: Saraiva, 2020.

TAVARES, José Antônio Giusti. *O sistema partidário na consolidação da democracia brasileira.* Brasília: Instituto Teotônio Vilela, 2003.

TRIBUNAL SUPERIOR ELEITORAL. *Estatística Eleitorais 2020.* Disponível em: https://www.tse.jus.br/eleicoes/estatisticas/estatisticas-eleitorais. Acesso em: fev. 2022.

Esta obra foi composta em fonte Palatino Linotype, corpo 10 e impressa em papel Pólen Bold 70g (miolo) e Supremo 250g (capa) pela Artes Gráficas Formato.